老挝与“一带一路”

LAOS AND THE BELT AND ROAD INITIATIVE

张海冰 周太东 等◎著

时事出版社
北京

前言

“一带一路”① 倡议正获得越来越多的国际认同和参与，共商、共享和共建的原则让这一倡议的全球性特征日益显现。作为“一带一路”沿线国家，老挝是最先受益的周边邻国之一。正在建设中的中老铁路，助力老挝从内陆国家向陆路联通国家发展战略的实现。

按照世界银行的标准，老挝是最不发达国家之一。如果没有外来资本和技术的支持，老挝要实现飞跃发展将较为困难。对于人均国民收入 2353 美元，减贫发展仍然是首要任务的老挝而言，实施需要大量资金投入的基础设施建设的难度可想而知。“到过老挝的游客们通常被这个国家人民的友好和良好心境所吸引，因此倾向于将这个国家浪漫化。老挝人也对自己作出浪漫的想象，但这个东亚‘未被触动’的田园生活的观念也有另一种解释：老挝是亚洲最不发达国家之一。”②

---

① 2013 年 9 月 7 日，国家主席习近平在哈萨克斯坦纳扎尔巴耶夫大学发表演讲，提出了共同建设“丝绸之路经济带”的畅想。同年 10 月 3 日，习近平在印度尼西亚国会发表演讲，提出共同建设“21 世纪海上丝绸之路”。这二者共同构成了“一带一路”重大倡议。

② 格兰特·埃文斯著：《老挝史》，郭继光、刘刚、王莹译，东方出版中心，2011 年版，第 1 页。

尽管是最不发达国家之一，但老挝并不是一个资源贫瘠国家。老挝国土面积为236800平方公里，总体地形可概括为北部山地、东南部高原、西南部平原低地和西部低山丘陵，山地高原占国土面积2/3。老挝境内河流众多，以湄公河及其支流为主，多为由北向南或自西向东流淌，森林覆盖率约为52%，是著名的森林之国。老挝在矿产资源开发和发展水利建设方面具有天然优势，老挝政府也致力于成为中南半岛的“蓄电池”。从产业发展来看，目前老挝仍然是一个以农业为主的国家，农林业是老挝国民经济的基础。

由于内陆国家的地理限制，老挝不可避免地受到邻国的影响，尤其是泰国、越南和中国。夹在其间的老挝也曾寻求过建立中立国家，效仿瑞士，但是这种尝试却没有成功。历史上，老挝饱受殖民主义、战争动乱和贫穷积弱等灾难影响，因此建立一个稳定发展的国家已经成为一种迫切的生存需要。全球化可以说是影响老挝发展的最大外力，20世纪80年代中期起，老挝就开始实施革新开放政策，并在1997年加入东盟，逐步深入地参与地区乃至全球经济发展合作中，吸引的外国投资和援助持续上升。2013年老挝加入世界贸易组织，工业和服务业开始逐步发展起来，经济呈现良好的发展势头。

如果说有什么因素制约了老挝快速发展，那么交通基础设施瓶颈则应排在首位。从“陆锁国”变成“陆联国”的战略构想推动老挝积极寻求突破之道。2013年，中国提出“一带一路”倡议，与老挝的发展战略不谋而合。特别是2016年底开工建设的中老铁路全长417千米，建设期5年，总投资约374亿元人民币，具有重要的战略意义。这条铁路未来将延伸连接到新加坡，老挝成为陆路联通国的梦想有望实现。值得一提的是，中国和老挝都是社会主义国家，在彼此的发展道路上相互帮助和学习，这种兄弟般的关系给中老关系注入了亲情色彩。回顾历史，中国是老挝国家独立、对外关系和经济发展等内外政策的积极支持者和最为重要的合作伙伴。中老铁路开建将推动两国在基建、技术、商业、服务、民间交流等领域展开实质性合作。这种“共事”的经历虽然会带来各种摩擦和磨合，但必将推动中老关系更为深入发展。

本书主要从中老外交关系、贸易关系、投资、发展援助、泰老合作等角度，梳理和分析中国和老挝的发展合作。其中，各章分工如下：第一章（张海冰）、第二章（周士新）、第三章（薛磊）、第四章（王玉柱）、第五章（周太东）、第六章（赵元佑）、第七章（陈美、王玉柱），全书整理和统稿由张海冰完成。在过去一年中，本书主要写作成员曾两次赴老挝实地调研，书中的分析和部分观点源自调研所得。同时，我们在书中还穿插了部分在老挝实地调研的照片。

这本书只是我们认识老挝这个国家的开始，因为这个有着佛教传统的国家，一如湄公河的河水，恬静平和，但是谁也不能低估，也难以评估其所能迸发的发展潜力。

张海冰

目 录 Contents

第一章
“一带一路”与中国对外发展合作转型

作为一个新兴的发展中大国，中国对外发展合作正进入一个新的转型期，而推动这一转型的动力来源于“一带一路”倡议的提出。回顾历史，经过60多年的发展，中国对外发展合作①从形式较为简单的人力和物资援助走向多元化的援助方式，从以双边为主的援助合作走向更多参与三方和多边援助合作，从一个以接受援助为主对外援助为辅的国家走向以接受国际援助为辅并提供更多对外援助的新兴援助大国，中国对外发展合作的规模和国际影响力都达到了前所未有的水平。在2015年和2016年期间，通过对柬埔寨和老挝两国的实地调研，使我们能够对中国与发展中国家的发展合作成效有了更为直观的感受，同时也对随之而来的问题和挑战有了更深刻的认识。以下主要结合实地调研和访谈观察，

---

① 文中“发展合作”主要是指“对外援助”，但是也不限于援助，包含以援助带动的贸易、投资、金融合作等更为宽泛的内容，这与中国对外援助的特色有关。长期以来，中国对外援助资金包括无偿援助、无息贷款和优惠贷款三种方式。无偿援助重点用于帮助受援国建设中小型社会福利项目以及实施人力资源开发合作、技术合作、物资援助和紧急人道主义援助等。无息贷款主要用于帮助受援国建设社会公共设施和民生项目。优惠贷款主要用于帮助受援国建设有经济社会效益的生产型项目、大中型基础设施项目，提供较大型成套设备、机电产品等。

就中国对外发展合作转型和面临的问题进行分析。

一、“一带一路”倡议给中国对外发展合作提出新的要求

建国以来，中国对外发展合作大致经历了四个发展阶段。第一个阶段是从建国初期到改革开放政策实施，初期的对外援助带有较为明显的意识形态色彩，服务于国家和民族独立的国际发展战略需要；第二个阶段是受国内改革开放政策的影响，探索以援助为辅助手段，扩大与受援国开展经济合作的“输血”型援助方式，并转向了以援助与投资相结合带动贸易、工程承包的大发展合作战略；第三个阶段是机制化建设阶段，进入21世纪后中国更加注重与亚非拉传统受援国的援助合作的整体性和协调性，中非合作论坛、中拉合作论坛、中国—东盟减贫与社会发展论坛等一系列发展合作机制相应得以建立并完善。第四个阶段是2013年以来，随着“一带一路”倡议的提出，以及亚洲基础设施投资银行（AI-IB）和金砖国家新开发银行（NDB）的建立，中国对外发展合作有了更多机制、制度和资源的支撑，对外发展合作的平台和工具更为多元。这一阶段最为显著的特征是，中国正在从一个注重物质性资源援助的国家成长为开始输出更多发展理念、经验和价值的援助大国。

诚然，“一带一路”倡议是推动中国对外发展合作转型的机制性动力，但是更为重要的推动因素主要来自两个层面的发展理念变化：一是国内的发展转型，中国经济发展进入“新常态”阶段，“十三五规划”明确提出“创新、协调、绿色、开放、共享”的发展理念。相较于过去粗放式的发展模式，中国更为注重以创新驱动的可持续发展道路，对于经济发展的环境影响给予了比以往更

多的关注。国内发展理念的变化对于中国开展对外发展合作也起到了潜移默化的影响。二是从国际层面来看，2015 年联合国通过的“2030 年可持续发展议程”，以及巴黎气候协定和“亚的斯亚贝巴行动议程”，全球发展合作进入一个全新的注重可持续发展的新阶段。2016 年 G20 杭州峰会在推动发展议程主流化方面也取得了许多重要进展，特别是推动 G20 成员国通过了落实联合国 2030 年可持续发展议程的集体行动方案，这些都对中国对外发展合作产生了新的影响。

总的来看，在对外发展合作的新阶段，中国比以往任何历史时期都具有在全球发展治理领域发挥更多领导力和影响力的政治意愿，这与中国显著的经济发展成就和独特的发展经验息息相关。中国对外发展合作的独特性在于其边学习边实践和边分享的共进性特征，这与中国选择的发展道路有关。回顾改革开放 30 多年以来的发展，“摸着石头过河”至今仍然是中国探索发展道路的重要方法之一。对于中国这样的国家全球并没有一个现成的发展模式可以学习和复制，所以中国的发展是在不断地学习、摸索和尝试的过程中逐步累积而成的。中国开展对外发展合作也是一个不断摸索、调整和完善的过程，将中国自身的发展经验与发展中国家的当地要素禀赋相结合，是贯穿中国对外援助的一个核心特征。李小云教授将其总结为平行经验转移：“所谓平行经验转移，就是将中国在前一个发展阶段经过试验和检验的经验移植到非洲，然后重新进行试验和推广，与受援国的地方性体系进行适应，而中国和受援国都能根据自身政治、经济等利益诉求，在互动中共同探索中国发展经验的再生产和地方化。”① 与西方传统大国援助的本质不同之处在于，中国对外发展合作并不奢求系统性的发展，

① 李小云：《中国援助非洲既非“殖民”，也不是“冤大头”》，澎湃新闻，2017 年 3 月 7 日，http：//www. cwzg. cn/theory/201703/34680. html。

区别于西方援助国对于完善的制度建设和良好的发展环境的苛求，因为现实情况是大多数接受援助的发展中国家并不具备发展这些制度性的先决条件。从援助的效果来看，西方援助注重制度建设和体制改革，但是发展成效并不理想，症结正是在于“远水解不了近渴”，完备健全的制度体系如果没有有效的发展成果做支撑，只能成为一种摆设，有时还有可能成为发展的制度约束。中国所采取的局部的渐进性的发展实践更贴近当地的发展现状，尽管是局部的，但是见效快，更有助于实现减贫和发展。

对于现阶段的中国对外发展合作而言，比较多的是发展经验和发展资源的有限分享，尚未形成或者具备系统性分享自身发展理论和发展模式的能力，同时中国也不具备大规模开展对外援助的经济实力和社会动员能力。中国对外发展合作的这种局限性在短期内难以有效突破，正如林毅夫所提出：“中国不能帮助其他国家实现跃进性的发展，一方面是因为中国进行的是渐进性的局部改革，它能够在局部改革的经济特区和试点方面帮助其他国家；另一方面中国还不是一个知识经济体，它便不能够帮助其他国家成为知识经济体。”① 从某种意义上讲，中国倡导成立金砖国家新开发银行和亚洲基础设施投资银行，以及提出的“一带一路”倡议，虽然只是刚刚起步，但都可以看作是中国探索和总结不同于传统西方知识体系下的发展理论并贡献新的发展公共产品之尝试。

如何将中国的发展理念、发展实践和发展成果进行有效的国际分享，可能是新时期中国开展对外发展合作的核心任务。习近平主席在2017年首届“一带一路”国际合作高峰论坛开幕式上的演讲中说道：“发展是解决一切问题的总钥匙。推进‘一带一路’建设，要聚焦发展这个根本性问题，释放各国发展潜力，实现经济

---

① 林毅夫、王燕：《超越发展发展援助：在一个多极世界中重构发展合作新理念》，宋琛译，北京大学出版社，2016年版，第111—113页。

大融合、发展大联动、成果大共享。”① 如何通过“一带一路”实现发展联动效应，释放沿线各国发展潜力，对于中国乃至全球而言都是一个全新的课题。

二、“一带一路”推动中国对外发展合作转型

为配合“一带一路”倡议的实施，中国对外发展合作已经开始了转型之路。这一转型进程主要体现在四个方面：理念转型、战略转型、机制转型和形象转型。

（一）理念转型

发展合作的理念转型是在中国自身发展理念和国际发展环境变迁下得以推动的。从建国初期的贫穷国家发展成为世界第二大经济体，离不开经济发展是国家发展的基础这一指导思想。在中国看来，发展才是解决贫困的根本出路，并且核心是经济发展。正如2016年底发布的《发展权：中国的理念、实践与贡献》白皮书中所强调的：“中国有13亿多人口，是世界上最大的发展中国家。发展是中国共产党执政兴国的第一要务，是解决中国所有问题的关键。中国立足基本国情，坚持走中国特色社会主义道路，坚持发展是硬道理，坚持将人权的普遍性原则与本国实际相结合，既努力通过发展增进人民福祉，实现人民的发展权，又努力通过保

① 《习近平在“一带一路”国际合作高峰论坛开幕式上的演讲（全文）》，2017年5月14日，http：//www. beltandroadforum. org/n100/2017/0514/c24 -407. html。

障人民的发展权，实现更高水平的发展。”① 随着国内经济发展到一定规模，在解决了温饱问题之后，对于因经济发展而产生的环境污染和贫富分化受到越来越多的关注，对于发展的认知也开始随之变化。

什么样的发展才是好的发展和可持续的发展？什么样的发展才是“一带一路”沿线国家认同的发展？快速的经济发展就是好的发展吗？对于发展的反思以及在全球范围内的讨论，最终体现在联合国2030年可持续发展目标上。联合国可持续发展目标对中国的发展理念和对外发展合作产生了实质性的影响。2016年3月举行的第十二届全国人民代表大会第四次会议审议通过了“十三五”规划纲要，在国家中长期发展规划中纳入了可持续发展议程，提出了创新、协调、绿色、开放、共享的五大发展理念。这五大发展理念与2030年可持续发展议程提出的“5P”原则具有高度的契合，即人类（People）、地球（Planet）、繁荣（Prosperity）、和平（Peace）、伙伴（Partnership）。

（二）战略转型

“一带一路”倡议的提出对中国对外发展合作的战略转型提出了新的要求。“一带一路”意在实现政策、设施、贸易、资金和民心五个方面的互联互通，为了更好服务于当前和未来较长时间内落实“一带一路”倡议的需要，中国对外发展合作战略也需要作出相应调整，比如合作的重点区域、重点国家和重点领域。既要考虑中国对外发展合作的优势领域，比如基础设施援建，医疗援助等，也要更多考虑对外发展合作的不足之处如何能够得到改善，

---

① 国务院新闻办公室：《发展权：中国的理念、实践与贡献白皮书》，2016年12月1日，http：//www.scio.gov.cn/zfbps/32832/Document/1532315/1532315.htm。

比如透明度问题和有效的发展宣传等等。

对于老挝和柬埔寨的实地调研发现，关于中国在当地的援助和发展合作项目的一些错误或者不实认识多数是由于信息不对称导致的。例如，由于大型基础设施项目建设涉及土地征收、补偿标准和转移安置等社会问题，比较容易引起当地民众的不满。很多时候，土地和动拆迁的人员安置问题并非中国方面的工作没有做好，更多的是受援国方面的原因，比如转移安置费用没有及时足额发放等。但是在受援国民众看来，凡是中国政府的援助项目或者参与的项目，责任就在中国。这种看法虽然偏颇，但是具有相当的普遍性。还有观点认为："中国的基础设施项目要价过高，新的交通网络会带来更多的毒品贸易以及疾病等。"① 实际上，相比于西方国家的援助，中国在基础设施领域的援助一向以成本低廉和高效著称，所谓要价过高有抹黑中国的嫌疑。又比如，在基础设施建设方面，影响建设成本高低的主要因素是建设周期，缩短工期可以有效降低成本，因此中国援建基础设施项目不可避免的会有中国工人劳务输出，这也是缩短工期的现实考虑。同时，受援国当地合格的技术工人资源有限，而且存在语言沟通障碍，雇佣工人的来源也有限。以中国援建柬埔寨的7号公路为例，纯援助的总额仅为5亿美元，由于资金有限，原计划的设计路程较短一些，但在柬埔寨方面的要求下，最终还是尽力在资金非常紧张的情况下最大限度地建了192千米，道路建设比设计标准单薄。但是最终影响道路质量的还有两个非常重要的客观原因：第一，前期设计和勘察不够充分，柬埔寨方面提供的水文资料数据存在偏差，中国的施工标准和项目验收标准与柬埔寨气候条件并不匹配，在7号公路的后续运营中道路出现了问题，其中最为突出的是持续暴

① Carlyle A. Thayer, "China's Relations with Laos and Cambodia", in *China's International and External Relations and Lessons for Korea and Asia*, p. 217

雨和极大的雨量对于道路的损毁，这些气候条件在中国内陆是极为罕见的。出于国家责任和企业责任的考虑，上海建工集团为7号公路持续免费维修了6年。第二，柬埔寨经济发展较快，公路上车辆超载超限现象越来越严重，装载稻米、玉米、木薯和原木的非法改装车辆普遍超载100%—400%，对道路造成了严重损害。柬路政部门“以罚代管”的做法更是造成恶性循环，大大降低了道路的使用寿命。同时，柬方对道路桥梁养护资金少且维护严重不足，管理不当，甚至推脱责任，要求中方企业进行免费维修，给他们造成极大的负担。当这些问题和矛盾发生的时候，当地媒体和舆论往往不深究其中原委，而是简单地将批评的矛头都指向了中国的援外企业。

中国基础设施援助在柬埔寨和老挝遇到的这些问题具有一定的代表性，也对中国援外战略提出了新的要求。对于中国而言，如今面临一个更为复杂的发展合作环境，过去可能是发达援助国面临的指责也随着中国援助增多而转嫁到中国。因此，中国对外援助战略面临系统性升级的问题。如何与受援国政府就加强更为完善的国家治理、社会治理进行合作和经验分享，帮助其提高国家治理能力建设，可能是伴随“一带一路”项目建设同时需要开展和推进的。此外，考虑建立与当地民众更为直接和有效的沟通途径也是中国对外援助战略转型的重要任务之一。

（三）机制转型

对外援助机制需要适应新的发展理念和战略布局的需要。长期以来，关于中国对外援助的管理体制和机制的改革讨论就没中断过。商务部援外司管理中国对外援助，已经显现出越来越多的不适应性，至少存在几个方面不足：一是商务部本身主管对外贸易和商业行为，援外司设立在商务部给国际社会的一个错觉是中国对外援助是为了商业利益，所谓“新殖民主义”的说法也与此有关。二是援外司的层级过低，是隶属于商务部的下属部门，一个非部级管理机构与中国目前对外开展国际发展合作的现实需要不匹配。三是商务部负责对外援助工作的人员编编制有限，很难满足对外援助的战略性规划和落实的需要，粗放式的管理日益捉襟见肘。2014 年商务部公布《对外援助管理办法》，对于援外管理中的不足问题做出了制度性的回应，但是仍然没有办法彻底解决中国援外管理比较弱的现实。比如海外援助项目的实施和日常管理，仅仅依靠驻外使领馆经商处的少数几个人甚至是一个人，是很难完成有效的和精细化的管理。例如在柬埔寨，中国有大量的援助项目，经商处负责援外的只有一个人，与日本协力机构（JICA）60 多人的规模无法相比。越来越多的学者提出了完善中国对外援助机制和规章制度建设，呼吁建立专门的对外援助机构和援助立法。刘鸿武和黄梅波教授在共同主编的《中国对外援助与国际责任的战略研究》一书中，多次提到了改革援外体制加强制度建设："中国的对外援助战略必须做出相应的回应。对外援助的管理制度和运作机制是对外援助战略调整的根本，也是对外援助战略调整成功与否的保证。因此，中国的对外援助管理机制需要更加优化，为对外援助战略的调整提供制度化保障。"①

机制转型的目的是为了更好契合中国对外发展合作的现实需要，在完善制度和机制建设的同时，更为重要的是落实，涉及到具体参与援助项目的每一个公司和个人。这是一个系统性的工程，不是简单的部门设置和制度建设。什么时候设立专门的援外机构、如何设立、如何管理和运作、如何评估绩效，仍然需要更为深入

① 刘鸿武、黄梅波等：《中国对外援助与国际责任的战略研究》，中国社会科学出版社，2013 年版，第 453 页。

的研究和讨论。

（四）形象转型

形象转型是一个比较大的系统性工程，涉及到更为复杂多元的参与主体和更高的信息透明度要求。中国坚持在国际社会中树立负责任大国的形象，并积极倡导“公平、开放、全面、创新”的新型发展观。但是，落实到政策层面，一个遭受诟病比较多的是问题是信息披露不足，给一些歪曲和抹黑中国援外的言论制造了口实。

国务院新闻办在 2011 年和 2014 年发布了两份中国对外援助白皮书，系统梳理和归纳了中国对外援助的基本情况，成为观察和分析中国对外援助的权威参考资料。但是，仅靠白皮书和政策文件的信息传递是无法满足对于中国援助的国际了解需求。通过对柬埔寨和老挝的实地调研发现，中国在援外项目如何惠及当地的媒体宣传方面存在显著不足。中国政府、企业有着大量的惠及当地百姓的援助行动，但是这些碎片化的援助贡献并没有得到有效的整理和传递，反而一些不利于中国的言论却得到较为广泛的传播。在柬埔寨的访谈中发现，作为柬埔寨最大的两个援助国中国和日本，在对待当地媒体的不利新闻时处理能力和态度出现明显差距。当媒体报道不利于日本援助形象时，日本国际协力机构（JICA）会有专门的新闻负责人与涉事媒体和日本项目企业进行沟通，疏导信息交流，及时纠正负面报道。但是，当出现对中国不利的新闻报道时，却几乎没有机构或者个人与涉事媒体沟通。

中国对外援助的形象维护和建设问题是一个长期存在的问题，这不仅涉及到政府层面的信息沟通和加强透明度问题，还涉及到企业和民众之间如何能够建立比较顺畅和常规化的沟通渠道问题。

同时，中国对外援助形象承载在具体的援助项目和援助行动中，如何总结归纳中国在受援国的援助贡献，将政府、企业和社会零散碎片化的发展贡献集合在一起，共同构建一个多元丰富的中国援助形象，是当前日益紧迫的问题。

三、中国对外发展合作如何服务好“一带一路”倡议

展望未来，为了进一步顺应“一带一路”倡议提出的建设人类命运共同体、促进共同发展的目标，中国对外发展合作应作出相应的调整。

（一）增强南南合作国际影响力，提升中国在全球发展治理体系中的话语权

“ 带 路”沿线国家多为发展中国家，在落实“一带一路”倡议的同时最先要考虑的问题是如何发挥南南合作的优势，弥补南南合作的劣势。就南南和南北合作的区别而言，有两个方面的明显差异：一是合作主体身份不同；二是合作方式上的不同。主体决定行为模式，南南合作的优势在于其多样性和灵活适应性，但是缺点在于缺乏系统性，对于发展没有系统性的理论、政策和模式构建，因而发展的话语和全球影响力是零散的有限的。南北合作的优势在于较强的系统影响力，不仅影响着国际发展合作体系内主要援助机构和组织的资金、人力和物力的动员能力，而且在援助实践中已经建立了从理论到政策的一整套相对完整的制度构建。厘清南南合作的优势，在全球发展治理领域争取更多话语权应该是中国参与南南合作的重点。国际发展合作的理念和实践

发展进程中，南南合作和南北合作的互动已经有所加强，尊重受援国自主权和加强与受援国的协调等这些具有南方特色的援助理念，被纳入到北方国家提升“援助有效性”和“发展有效性”的相关文件中，见诸于《关于援助有效性的巴黎宣言》《蒙特雷共识》《阿克拉宣言》，以及《2030年可持续发展议程》等等，这为南南合作发挥更多的国际影响力提供了基础。但是，总的来看，相比于南北合作，南南合作仍然处于国际发展合作的补充性地位，在发展援助的理念、发展理论和援助实践等方面的话语影响力还是比较有限，南南合作需要建立更为完整的理论框架和可复制的实践模式。

对于中国而言，应该通过南南合作的多样化平台，着力提高南南发展的话语权。中国在国际发展合作方面已经积累了丰富的实践经验，通过分享经济发展中的经验和实用方法，中国的援助在亚非拉发展中国家受到广泛欢迎。中国应该用好这一优势，在已经建立起来的南南合作机制基础上，比如在中非合作论坛、中国——东盟领导人会议、中国——太平洋岛国经济发展合作论坛等基础上，探讨南南合作的理论体系和树立更多的最佳发展实践案例。

全球发展治理的核心是不断完善全球发展合作的“软法”建设，增强全球范围内发展行动的协调性和一致性，避免援助资源的浪费和无效的援助竞争行为。但是，随着越来越多的发展中国家在涉及国际发展合作的“软法”建设中不断增强影响力，这些“软法”已经不再只是反映发达国家的意见和想法，并且有时可能存在与发达国家的愿望和诉求不一致。这时就会发生发达国家对这些发展合作的相关“软法”的不遵守、逃避和消极抵制的现象。[①] 对于中国而言，以落实2030年可持续发展议程为契机，通

---

① 孙同全、周太东等：《对外援助规制体系比较研究》，社会科学文献出版社，2015年版，第39—40页。

过“一带一路”倡导的政策沟通和民心相通，在亚非拉国家有计划和有步骤地建设落实示范区，争取将中国的发展理念和经验系统化和国际化。积极参与 G20 层面的发展对话，提升中国在全球发展治理体系中的话语权。

（二）聚合中国碎片化的发展贡献，全面展示中国在国际发展合作中的积极形象

就中国的人均收入水平而言，中国对外援助的贡献并不低。“中国援助 ODA 占 GNI 的比例在 2014 年达到了 0.09%，这个比例低于一些 OECD 成员国，但是相对于 2017 年 7400 美元的收入，中国贡献了相对较大比例的 GNI 作为官方发展援助。”① 虽然“一带一路”倡议“不是对外援助计划，而是共商共建共享的联动发展倡议”②，但“一带一路”倡议已吸引国际社会的广泛关注，并对中国推进该倡议的意图产生了种种非议。因此，是时候系统总结和全面展示中国对外发展合作对于发展中国家的发展贡献。

与官方发展合作相伴的还有中国企业和民间的援助贡献，比如参与援外项目的中国企业所进行的援助活动，这些零散的援助和慈善活动大部分建立在自发自愿基础上，并且因为中国传统文化中的“为善不欲人知”影响，加之公关宣传意识不足等影响，这些“善举”并没有在受援国当地广为知晓。相反，许多针对中国企业不注重社会责任的批判之声却不绝于耳。在柬埔寨和老挝的实地调研中发现，中国企业特别是国有企业在贡献当地社区建设

① 林毅夫、王燕：《超越发展发展援助：在一个多极世界中重构发展合作新理念》，宋琛译，北京大学出版社，2016 年版，第 108 页

② 中国国家主席习近平 2017 年 9 月 3 日出席金砖国家工商论坛开幕式的主旨演讲。

和惠及百姓中做了大量的自发性援助活动。比如，上海建工集团在柬埔寨的公路建设中，给沿线村庄修路和修建小学校舍的事情不胜枚举。中国不少采矿企业在老挝2016年遭遇罕见寒流天气影响时，主动购置棉被、棉衣和取暖设备给当地山民和村民等等。这些碎片化的企业援助行为从来都没有得到中国政府和伙伴国政府的足够重视，并加以积极有效的宣传，反而是中国企业的社会责任问题被屡屡见诸报端和媒体。

聚拢碎片化的发展贡献，建立中国国际发展合作部，完善相应的援外立法，使中国对外援助的管理体系适应转型发展的需要已是迫在眉睫。建立专门的援外管理部门将有助于增强国际发展合作交流。具体来看，一是要设立地区性的援外机构如办公室，负责对援外项目和资金的管理、监督和宣传相关事务。完善援外的信息披露机制，应该考虑年度的系统性报告披露，援外项目的参与和实施情况也要注重在驻在国的媒体发布，加大援外信息的国际交流。二是调整援外管理的思路，适应国家战略发展的需要，更好适应“一带一路”倡议的需求。有效的发展合作应建立在对伙伴国家援助需求和援助效果的综合考虑之上，需要做实地调研和评估，这些都需要专门和专业的部门来做。三是推动中国民间和社会组织更多参与援外项目，尤其是社会、教育、卫生、灾害应对、环境保护等领域的参与，为构建民心相通的“一带一路”倡议奠定良好民众基础。应该有计划遴选符合资质条件的民间组织，并给予援助资金的支持，推动这些民间组织走出去。四是重视对受援国的政策部门的援助影响，增加方案援助，重视对受援国政府部门的发展规划和政策制定的软性影响力度，提升中国对外援助的系统性影响力。

（三）以“教育走出去”推动中国对外发展合作的软实力建设

民心相通既是“一带一路”倡议的“五通”之一，也是地区性合作机制比如澜湄合作机制的支柱之一。脱贫和发展离不开教育水平的提高，加大对伙伴国家的教育援助不仅是为长远发展提供人力资源，也是为中国与发展中国家关系的长远发展奠定最为坚实的民心基础。举例来看，老挝苏州大学是中国教育走出去的“弄潮儿”，具有非常重要的战略意义，但是在校舍建设过程中遇到的资金和发展瓶颈却凸显了中国对外发展合作的短板。本书第七章专门介绍了这一“教育走出去”所面临的问题。除教育外，更为广泛的文化和有针对性的社会交流互动，对于建立更为相互了解和友善的合作关系也是至关重要的。比如，老挝是佛教国家，佛教是老挝的国教，85%的人口信奉小乘佛教，每位男子一生中都要有一段出家念佛的经历。[①] 因此，加强中老佛教界的交流，也可以增进中老民心相通和相互了解。

（四）积极探索丰富发展引导型援助模式的实践样本，切实助力“一带一路”倡议落实

相比于西方传统援助大国的援助模式，比如美国的战略型援助、西欧为代表的综合治理援助模式、以日本为代表的综合开发型援助模式，以及北欧国家为代表的人道主义援助模式，中国对外援助自成体系并形成了中国特色的“发展引导型援助模式”[②]。所谓“发展

① 柴尚金：《老挝：在革新中腾飞》，社会科学文献出版社，2015年版，第8页。

② 详细论述请参阅张海冰著：《发展引导型援助：中国对非洲援助模式研究》，上海人民出版社，2013年版。

引导型援助”，其核心逻辑在于以援助促进伙伴国家的经济发展，以经济发展带动国际经济合作，以国际合作实现共同发展和繁荣。

在中国对老挝的援助和投资的推动下，老挝已经逐步建立起符合自身发展特色且相对完善的出口产业体系。即使是在高端制造业领域，老挝也逐步形成相关产业发展优势。例如由云南省海外投资有限公司与老挝万象市政府共同出资组建的老中联合投资有限公司，积极推动万象赛色塔北斗产业示范园的建设，重点从中国北斗产业区域服务角度，构建以老挝为中心、立足大湄公河次区域，服务于南亚、东南亚及亚太地区卫星导航和地理信息产业的发展，属于高端基础设施互联互通领域的合作尝试。[①] 同时，围绕老挝电力资源及相关基础设施开发建设的需求，越来越多的中国企业进入老挝，促进了老挝实现从资源导向型增长向资源产业下游化和产业结构多元化方向发展。除初级产品深加工外，越来越多的高科技企业也开始进入老挝市场。中国对老挝的投资过程体现了从资源投资导向型向下游产业链延伸的发展模式，将是未来中国对外投资模式转型的重要参照样本。

中国应及时总结对“一带一路”沿线国家的“援助 +”的经济发展模式，以援助带动更大范围的投资和贸易，不仅可以帮助伙伴国家实现产业发展和经济突破，而且也带来更多的发展溢出效应，使得伙伴国的自主发展能力不断增强。

结语

中国的对外发展合作已经积累非常多的经验和成就，也的确面

① 中新云南新闻网：《“GMS 位置服务与北斗产业示范园”落地老挝万象赛色塔开发区》，2015 年 9 月 1 日，参考：http://www.yn.chinanews.com.cn/news/2015/0901/7783.html。

临越来越复杂的挑战。中国对外发展合作不仅要处理好转型所带来的新要求，而且也需要对已有的发展经验进行系统化的总结，在南南合作的理论建设和全球发展治理的话语权争取上有更实质性的作为。

第二章
中国和老挝的外交关系

中国与老挝都坚持奉行和平、独立和与各国友好的外交政策，主张在和平共处五项原则基础上同世界各国发展友好关系，重视发展同周边邻国关系，改善和发展同西方国家关系，为国内建设营造良好的外部环境。老挝人民革命党第十次全国代表大会重申继续坚持“少树敌、广交友”的外交政策，保持同越南的特殊团结友好关系，加强与中国全面战略合作伙伴关系，加强与东盟国家睦邻友好，积极争取国际经济和技术援助。在此背景下，中国与老挝关系正承前启后，创造出越来越多更具建设性的发展成就，走向更具和谐性的外交关系。

一、中老双边外交关系的历史演进

中国与老挝在地缘上相近、血缘上相亲、社会文化关系源远流长。一般认为，中老关系开始于公元3世纪前后，而史书上对双方的往来记载始于649年，即老挝 Nongsae 王国时期，或中国唐朝时期，主要集中于8世纪、15世纪至17世纪的、18世纪初叶至19世纪中叶等三个时期，即老挝的文单国、澜沧王国、琅勃拉邦王国与中国的唐朝、明朝、清朝时期。由于当时并没有形成现代意义上的主权国家概念，这些交往往往只是零星的、上层的，甚至只是体现诸如朝贡秩序下的一种礼仪，并不能体现真正意义上的外交关系，更不能涵盖未被记录的不间断的社会往来。中国文献载录老挝的最早的年代是1383年,[①] 反映了两国在明代时期的交往历史。从1400年至1613年，澜沧王国向中国派遣使节34次，而明朝向老挝派遣使节9次，说明双方上层交往还是比较频繁的，关系还是比较密切的。

近代时期的1893年，法国殖民者占领老挝，并与其他殖民列强将中国沦为半殖民地半封建社会，中老两国政府的正常交往一度中断。然而，中老两国人民各自在长期反殖反帝斗争、争取国家独立和民族解放的过程中，相互呼应、配合和支持，依然保持着较为紧密的交往。老挝在经历了两次抗法和抗日殖民统治后，于1945年9月15日，琅勃拉邦王国副王兼首相佩差拉（Phetsarath Ratanavongsa）亲王在万象宣布老挝（旧称“寮国”）独立。1950年8月，苏发努冯（Souphanouvong）亲王组建新老挝伊沙拉阵线中央委员会，成立寮国抗战政府。1954年5月，法国在越南奠边府战役中失败，被迫签署日内瓦协议，承认老挝独立并撤军。[②]

自独立以来，在国际和地区形势不断演变的影响下，中老两国和两国人民经历了非常曲折而复杂的关系，但从20世纪80年代后半期以来，两国关系快速升温，目前已经建立了全面战略合作伙伴关系。从发展过程来看，中国与老挝两国关系大致经历了以下

① 《顺宁府志》卷二，“麓川、缅甸、车里、八百皆内附，准为宣慰司。”

② 《国家概况——老挝》，中华人民共和国外交部网站，2016年12月，http://www.fmprc.gov.cn/web/gjhdq_676201/gj_676203/yz_676205/1206_676644/1206x0_676646/

几个阶段：

第一，建交前后的蜜月期（1954年—1977年）。中国与老挝关系的新时期是从关于印支半岛和平与稳定的两次日内瓦会议开始的。在1954年的第一次日内瓦会议上，中方代表周恩来总理要求一切外国军队撤出老挝，包括可能进入老挝的越南志愿人员；老挝境内停止敌对行动，并在此后不允许从境外运入新的部队和人员及武器和弹药，得到了老挝和法国方面的高度赞同，成为各方继续谈判的基础。1954年7月21日，日内瓦会议发表了《越南、老挝、柬埔寨三国交战双方停止敌对行动协定》，法国承认印支半岛国家的独立，法军逐步撤出。老挝再次摆脱法国的殖民统治获得独立后，在1956年2月，由中立派富马（Souvanna Phouma）亲王组建了老挝政府。作为传统友好邻邦，中国立即与老挝政府建立了联系。1956年8月，应中国政府的邀请，老挝首相富马亲王率团访问中国，周恩来总理与富马首相在北京发表联合声明，表示“两国政府遵守和平共处五项原则，发展两国之间的睦邻关系。两国政府同意发展双方的经济和文化关系，以符合两国人民的最大利益”。[①] 然而，就在法国从老挝撤军后不久，美国就开始扶植老挝内部亲美势力，在1958年推翻了富马政府，老挝陷入了内战。1960年8月富马亲王再次执政，而国内亲美势力在美国的唆使和支持下再次发动进攻。中国政府在1960年11月发表声明，支持富马内阁政府提出的和平中立的立场，反对任何势力干涉老挝，并推动两国在1961年4月25日正式建立了外交关系。

在1961年5月中旬开始举行的关于和平解决老挝问题的第二次日内瓦会议上，中方代表陈毅外交部长提出必须尊重1954年日

① 马树洪、方芸：《列国志：老挝》，社会科学文献出版社，2004年版，第302页。

内瓦会议的相关决议，应该重申老挝的主权、独立、统一、领土完整和不在老挝建立军事基地等规定，应该保证老挝人民自己解决自己问题的权利，美国以及对老挝进行干涉的其他国家的军事人员必须撤出，在老挝的国民党残余部队必须解除武装，并遣送出境等关于解决老挝问题等五项原则。中国的政策立场得到了老挝方面的理解和支持，为最终在 1962 年 7 月达成《关于老挝独立的宣言》和《关于老挝中立的议定书》等两个文件奠定了基础，确认了尊重老挝主权、独立、统一、领土完整和不干涉其内政的原则；老挝不承认武装军事同盟或联盟，包括东南亚条约组织对它的“保护”；并规定与会各国不使用武力或武力威胁或采取任何其他可损害老挝和平的措施。中国在两次日内瓦会议上的努力和积极斗争对维护老挝的和平、独立和中立都做出了重要贡献。

为了反对老挝的社会主义势力和配合越南战场，1964 年 4 月，美国公然破坏了关于老挝问题的日内瓦协议，利用老挝内部矛盾再次挑起了老挝内战。老挝人民革命党领导人开始寻求包括中国在内的社会主义国家的支持，协商加强双边合作和支持老挝解放斗争。老挝党和国家领导人多次访华，协商双方加强合作和支持老挝人民争取国家独立和民族解放事业等问题。中国政府和人民对帮助老挝人民反殖反帝和国家建设等方面提供了力所能及的援助，成为老挝反殖反帝解放斗争的坚强后盾与可靠后方。1975 年 12 月 26 日，老挝举行全国人民大会，宣布废除君主制，成立了老挝人民民主共和国，组成以苏发努冯为主席的最高人民议会和以凯山·丰威汉（Kaysone Phomvihane）为总理的政府，在外交上实行向社会主义一边倒，以及与中国、苏联和越南保持等距离的外交政策。1976 年 3 月和 1977 年 6 月，老挝执政党人民革命党总书记凯山·丰威汉两次到中国进行国事访问，加强了与中国的友好关系，在与中苏、中越关系上维持着一种微妙的平衡。

第二，相互敌对的疏远期（1977年—1986年）。1977年6月，老挝和越南签订了为期25年的友好条约，确定了两国之间特殊的战友和兄弟关系，至今依然深刻影响着老挝的外交政策。老挝以加入“社会主义大家庭”为努力方向，将苏联作为老挝党的“战略盟友和可靠的依托”。越南和苏联成为援助老挝最多的国家和最大的合作伙伴。随着越南在1978年入侵柬埔寨以及1979年苏联入侵阿富汗，中国与越南和苏联的关系进一步紧张和恶化，而老挝坚定地和越南与苏联站在一起，对中国采取了许多不友好的举措，两国关系开始出现急剧恶化的态势。1979年2月，中国对越南发动自卫反击战以后，老挝公开发表反华声明，指责中国“侵犯越南”，攻击中国在老中边境集结军队“威胁老挝”，“破坏老挝的安宁”。1979年6月，老挝限制中国驻老大使馆馆员人数，并要求撤销大使馆武官处，停止在老挝境内进行的一切援助工程，中国援助人员撤出老挝。1980年7月和8月，中老两国大使先后回国，双方使馆仅留守临时代办主持事务，两国关系一度处于不正常状态。[①] 20世纪80年代初，老挝逐渐确立了亲越靠苏疏华的“东方战略”，以“社会主义的东方前哨”地位，同苏联发展“全面合作”，与越南保持“特殊关系”，融入“社会主义大家庭”。[②] 与此同时，由于中老之间并没有直接的利益冲突，老挝政府也不想因与苏越存在特殊关系而卷入战争，对中国采取了相对疏远和隔阂的政策，导致两国关系严重倒退，几乎达到了全面停止的状态，但极力避免与中国发生正面冲突。

第三，快速升温的恢复期（1985年—1990年）。从20世纪80年代开始，为了自身发展的需要，老挝开始发出一些与中国进行和解的信号。1985年12月2日，老挝领导人在国庆10周年大会

---

① 杜敦信、赵和曼：《越南老挝柬埔寨手册》，时事出版社，1988年版，第147页。

② 许梅：《老挝对华政策的演变与发展》，载《东南亚研究》1999年第1期，第32页。

上表示“希望在和平共处五项原则基础上恢复老挝和中国的正常关系”，同时还对中国政府对老挝政府抗击美帝国主义期间提供的帮助表示感谢，希望两国政府能不计前嫌、友好合作、互惠互利、共同发展。中国政府对此很快就做出了积极的反应。1986 年 4 月，中国外交部长吴学谦致电老挝，祝贺两国建交 25 周年。当年 11 月中旬举行的老挝人民革命党第四次全国代表大会通过的政府工作报告指出，要恢复和改善与中国共产党之间的关系，在不违反和平共处五项原则的基础上，推进两国关系迈向新台阶。12 月下旬，中国外交部副部长刘述卿率团访问老挝，同老挝外交部长奔·西巴色进行会晤，双方就恢复外交关系、互派大使、开展贸易和边民互市等问题进行了磋商。1987 年 12 月，老挝外交部副部长坎派·布法率团访问中国，就两国政治军事、技术文化、贸易往来和边境安全等问题进行了会谈，并就一些基本问题达成了一致意见。1988 年 6 月，老中两国恢复互派大使，实现了关系正常化。1989 年 10 月，老挝领导人凯山·丰威汉率团对中国进行了国事访问，表示“要积极改善老中关系，并在互惠互利的前提下加强经贸合作关系”，并与中国领导人签订了《中老领事条约》《中老文化协定》《关于处理边界事务的临时协定》和《关于互免签证的协定》等，成为两党、两国关系恢复和发展的转折点。1990 年 12 月，中国总理李鹏对老挝进行了正式友好访问，与凯山·丰威汉等老挝党政领导人进行了会谈，双方对发展两国关系都给予了高度评价。这是中国政府最高领导人首次访问老挝，也恢复了对老挝的经济援助，标志着中老两国之间的友好关系和全面合作进入了一个新的发展阶段。同年，老挝将要“发展对中国的多方面合作关系”，调整为要“发展同中国的全面合作关系”，并把中国列为其 4 个友好国家之一，为两国关系的全面改善奠定了良好基础。

第四，全面深化的发展期（1991—）。冷战结束、苏联解体，促使老挝开始进一步反思自己的外交政策，重新规划未来的发展道路。与此同时，老挝与越南的“特殊关系”虽然仍得以维护，但已经有所变化，老挝在内政外交的决策上拥有了更多的自主权。中国和老挝两国因具有相同的政治制度、历史命运和国家建设任务，也走向了合作与和平发展的新阶段。1991 年 3 月 27—29 日，老挝人民革命党举行第五次全国代表大会，明确提出了“全面开放”的政策，表示要在相互尊重独立、主权、平等和互惠互利的基础上，不分政治制度、意识形态，与各个国家进行广泛的合作，与世界各国一起为独立、和平、社会进步和人民民主做出贡献。老挝方面在当年也以实际行动开启了老中关系正常化的新篇章。老挝最高人民议会主席诺哈·冯萨万在 1 月率团对中国进行正式友好访问，老挝人民革命党主席、国家主席凯山·丰威汉和家人在 9 月到中国度假，老挝总理坎代·西潘敦（（Khamtai Siphandon）在 10 月到中国进行正式访问。此后几年，中老两国政府先后签署了《边界条约》《中老边界议定书》《中老边界制度条约》和《中老边界制度条约的补充议定书》，圆满解决了两国的边界问题，为增进两国睦邻友好，促进两国关系进一步发展扫清了障碍。[①]

进入新世纪，中老友好合作关系得到了更加机制性的发展。中老两国元首在 2000 年实现了历史性互访，增进了两国关系快速发展的新动力。2000 年 7 月 13 日，老挝国家主席坎代·西潘敦对中国进行国事访问，就进一步深化两国全面合作关系达成了一致意见。2000 年 11 月 11 至 13 日，中国国家主席江泽民对老挝进行国事访问，这是中国国家元首首次访问老挝，在两国关系史上具有里程碑的意义。江泽民主席强调中方愿在和平共处五项原则的基础上继续巩固和发展与老挝的睦邻友好关系，将加强经贸合作放

① 卓礼明：《冷战后老挝的对华政策》，载《当代亚太》2000 年第 9 期，第 20—21 页。

在双边关系中更加突出的位置上。老挝领导人表示将继续奉行一个中国原则，加强与中方各层次的交往，扩大双方在各领域的互利合作，在国际和地区事务上继续保持协调与配合。两国领导人还签署了关于双边合作的联合声明等6个政策文件，确定了发展两国长期稳定、睦邻友好、彼此信赖的全面合作关系。

2001年3月12日，老挝人民革命党举行第七次全国代表大会，明确指出，老挝将始终坚定不移地执行和平、独立、友好、合作的外交路线，并将同越南和中国的关系作为老挝对外战略中第一层次的外交关系。在两党和两国政府的共同努力下，中老合作也逐渐进入了深入发展阶段。2004年中国总理温家宝访问老挝，与老挝总理本扬·沃拉吉（Bounnhang Vorachith）会谈时提出了加强老中关系的四点建议：保持高层接触和往来，增进相互了解，交流治国理政经验，协调在国际和地区问题上的立场；提升经贸合作水平，加强在能源、矿产资源和基础设施建设等领域的合作，促进边贸持续健康有序发展，密切在多边框架下的经贸合作；加强各领域、多层次的交流与合作，扩大在人员培训、科技、教育、旅游、边境管理、打击跨国犯罪和禁毒等领域的合作；加强在地区事务中的相互支持与配合，推动中国与东盟关系的不断发展。①2005年12月18至23日，老挝人民革命党政治局委员、老挝国会主席沙曼·维亚吉对中国进行正式友好访问，明确指出，老中两党、两国和两国议会之间都在根据“好邻居、好朋友、好同志和好伙伴”精神发展友好关系，加强老中两个社会主义国家间的友好合作具有重要的战略意义。②

---

① 李静：《温家宝与老挝总理会谈 提出加强中老合作四建议》，新浪网，2004年11月28日，http：//news. qq. com/a/20041128/000589. htm。

② 佟莲：《好邻居　好朋友　好同志　好伙伴——老挝国会主席沙曼·维亚吉访华记事》，载《中国人大》2006年2月25日，第49页。

2006年3月18日至21日，老挝人民革命党举行“第八次全国代表大会”，提出继续实施多形式、多方位的外交方针，继续保持与越南的特殊关系，加强与中国等社会主义国家的战略交流及合作，保持与东盟各国睦邻友好。2006年6月27日至7月2日，老挝人民革命党中央委员会总书记、老挝人民民主共和国主席朱马利·赛雅贡对中国进行国事访问，与中国领导人高度评价了中老两党两国关系，一致同意，继往开来、携手努力、多做实事、深化合作，推动两党两国全面友好合作关系迈上新的台阶。2006年11月19日，中共中央总书记、中国国家主席胡锦涛访问老挝，同老挝党和国家领导人举行会谈，一致同意共同努力，按照长期稳定、睦邻友好、彼此信赖、全面合作的方针，推动两党两国关系不断迈上新的台阶。胡锦涛强调，加强两党两国传统友好和全面合作，符合两国人民的根本利益，有利于本地区的和平、稳定、繁荣。中国党、政府和人民珍视中老传统友谊，高度重视发展中老关系，愿意同老方永做好邻居、好朋友、好同志、好伙伴。他进一步提出了发展两国关系的五点建议：1. 保持高层领导人每年会晤机制，就共同关心的问题交换意见，加强对双边关系发展的指导。2. 加强治党治国经验交流，相互借鉴、共同提高。3. 加强两国合作委员会对双边经贸合作的指导和协调，开拓新的贸易形式和渠道，力争实现新的突破，抓紧落实好商定的重点合作项目；中方将鼓励更多有实力的中国企业到老挝投资，愿继续为老挝提供力所能及的援助。4. 加强两国在维护边境治安、打击跨国犯罪等方面的合作；推进青少年交往，中方将继续向老挝派遣青年志愿者；促进教育、卫生、旅游合作。5. 加强在国际和地区事务中的相互支持，及时就重大国际和地区问题协调立场。密切双方在中国—东盟、联合国等多边机制中的协调和配合，维护两国的共同利益。①

2007 年 8 月 23 日至 28 日，老挝总理波松·布帕万（Bouasone Bouphavanh）在来华访问时表示，老中之间有着传统友谊，双方相互理解，相互信任，睦邻友好合作关系不断取得新进展。近年来，双方在各领域互利合作日益扩大，双方在共同打击跨国犯罪、毒品等国防与治安领域的合作亦取得重要成果，在地区和国际事务中相互支持，密切协调。老方愿进一步加强双方经贸、水电、科技、教育、文化等各领域的合作，推动两国关系全面发展。老挝总理波松重申老挝坚定奉行一个中国的政策，支持中国和平统一大业，反对任何企图分裂和干涉中国内政的图谋。温家宝总理对波松总理来访给予了积极评价，并对中老双边关系的发展表示满意。温家宝总理表示，中老是好邻居、好朋友、好伙伴。多年来，中老关系在长期稳定、睦邻友好、彼此信赖、全面合作的方针指导下得到了稳步发展。当前，两国政治互信牢固，经贸合作成果显着，在国际和地区事务中配合密切。中国政府珍视中老友谊，重视发展同老挝的关系，愿进一步加强两国的全面合作，不断把中老关系提升到新水平。希望双方领导人继续保持密切接触，及时就共同关心的问题交换意见；通过增加互访、研讨讲学等形式，交流治国理政经验，促进各自经济、社会发展；深化两国经贸合作，重点加强农业、基础设施、能源、矿产等领域合作，不断探索新的合作模式和拓展新的合作渠道，保持经贸关系持续稳步向前发展；扩大教育交流和人力资源培训；共同推进大湄公河次区域合作，合作打击跨国犯罪。

2008 年 3 月 30 日，温家宝总理在访问老挝并出席大湄公河次区域经济合作（GMS）第 3 次领导人会议，与老挝总理波松举行

---

① 吴绮敏：《胡锦涛同老挝人民革命党中央委员会总书记老挝国家主席朱马利会谈》，人民网，2006 年 11 月 20 日，http：//politics. people. com. cn/GB/1024/5060168. html。

会谈时表示，发展中老长期稳定、睦邻友好、彼此信赖的全面合作关系，符合两国人民的根本利益，也有利于促进地区和平稳定与共同发展。中国党和政府十分珍视中老传统友谊，愿与老方共同努力，推动中老睦邻友好和全面合作不断取得新的更大成果。他对进一步发展中老关系提出了四点建议：1. 保持高层交往，增进政治互信，在彼此重大关切和多边事务中继续相互理解和支持。2. 深化经贸合作，实现互利共赢。中方愿意增加进口老挝商品，并支持有实力的中国企业到老挝发展商品生产和投资水电、矿产开发，参与老方“资源变资产”战略。3. 双方密切配合，落实好公路、桥梁、农业示范中心等重点援建项目，中国政府将继续向老挝提供力所能及的援助，帮助老挝增强自我发展能力。4. 加强人员往来，特别是两国边境省区的友好交往，促进当地经济发展。双方还应扩大在人员培训、科技、教育、国防等领域的合作。老挝波松总理在会见温家宝总理时说，老中友好合作关系持续发展，两国交往密切，政治互信不断加深，经贸合作快速增长，地方合作富有成果。老挝人民感谢中国为老挝经济社会发展提供的支持和帮助，老挝党和政府高度重视对华关系，愿与中方携手，共同推动老中传统友好合作关系进一步发展。波松总理表示老方欢迎中国企业和金融机构积极支持和参与老挝基础设施建设。①

2009 年 9 月，中共中央总书记、国家主席胡锦涛与访华的老挝人民革命党中央委员会总书记、国家主席朱马里·赛雅颂充分肯定了两党、两国自 20 世纪 90 年代以来取得的成就，决定在继续维持现有合作关系的基础上，进一步加强两国在维护国家安全、促进文化教育等非经济领域的交流与合作，将中老关系提升为“长期稳定的全面战略合作伙伴关系”，并以此作为发展两国关系

① 胡晓明、徐松：《温家宝与老挝总理波松会谈　就中老关系提四点建议》，中国政府网，2008 年 3 月 30 日，http：//www. gov. cn/ldhd/2008—03/30/content_ 932461. htm。

的新高度，推进两国全面友好合作关系。朱马利表示：把老中关系提升为全面战略合作伙伴关系是老中交往历史上重要的一步，有着非凡的政治意义和深远的历史意义，对老挝的经济社会发展也具有重大意义。①

2010年6月16日，中国国家副主席习近平访问老挝，同老挝国家副主席本扬·沃拉吉举行会谈。双方就进一步深化两国全面战略合作伙伴关系达成广泛共识，并就进一步推进两国全面战略合作伙伴关系提出了如下几点建议：一是保持高层交往、巩固战略互信，推动两国关系深入发展；二是不断开拓新的合作领域和合作模式，推动经贸合作实现新突破；三是以2011年中老建交50周年为契机，进一步拓展双边合作领域，增进民间交往，加强文化交流，精心设计中老建交50周年有关庆祝活动，推动中老友谊更加深入人心；四是维护共同利益，密切在地区和国际事务中的协作，加强相互支持和配合；五是深化治党治国经验交流，相互学习借鉴彼此成功做法和经验。②

2011年3月17日至21日，老挝人民革命党举行"第九次全国代表大会"，提出未来继续在和平、独立、友好与合作的外交基本路线上，实行多样化、多方位、多边、多层次和多形式的务实外交，将更加积极主动地融入到国际化进程中，争取获得更多国际援助和投资，重点发展同越南、中国、其他邻国以及同东盟的关系。2011年9月19日至21日，老挝人民革命党总书记、国家主席朱马里访华，与中共中央总书记、国家主席胡锦涛等中国国家领导人进行了会谈。胡锦涛说，中老建交50年来，在和平共处

---

① 黄勇：《冷战后老挝外交政策的特点及走向》，载《东南亚纵横》2011年第4期，第17—18页。

② 吴黎明、李勍：《习近平同老挝国家副主席本南举行会谈》，人民网，2010年6月16日，http：//cpc. people. com. cn/GB/64093/64094/11886767. html。

五项原则基础上，两国关系经受住国际风云变幻考验，不断提升和发展。中老社会制度相同、政治理想相通、发展理念相近、面临的机遇和挑战相似。中老坚持做好邻居、好朋友、好同志、好伙伴，对社会主义事业发展、对亚洲乃至世界和平与发展都具有积极意义。胡锦涛说，中国党和政府愿根据长期稳定、睦邻友好、彼此信赖、全面合作的方针，同老挝党和政府一道努力，推动中老全面战略合作伙伴关系向宽领域、深层次、高水平发展：1. 深化战略沟通。中方愿同老方就双边关系和其他共同关心的问题保持密切协调，对两国关系作出进一步规划部署，更加系统、扎实推进双方合作。中方赞赏老挝党和政府坚定奉行一个中国政策，一如既往坚定支持老挝党和政府走符合本国国情的发展道路。2. 深化务实合作。中方愿在经贸、矿产、水电、农业、基础设施建设等重点领域深化两国互利合作。加强双方立法机构、政协、工青妇组织、地方交流和旅游、文化、教育等领域合作。加强国防、公安、司法领域合作，维护各自国家安全稳定。3. 加强两党交流。双方要继续办好两党理论研讨会，扩大党政干部培训合作，相互学习借鉴治党治国经验。4. 加强在国际和地区事务中的协调和合作。中方积极支持老挝承办第九届亚欧首脑会议，愿同老方加强在多边机制内的沟通和协调，推动地区和国际合作朝着正确方向前进。朱马里说，“2011 年是老中建交 50 周年和老挝“七五”规划、中国“十二五”规划开局之年，我十分高兴应中方热情邀请再次来华进行正式友好访问，相信此访一定会进一步密切两党两国友好关系，推动双方全面合作迈上新台阶，促进两国社会主义事业共同发展”。长期以来，在“好邻居、好朋友、好同志、好伙伴”精神指引下，老中两党两国友好合作关系不断发展。老中全面合作是推动老挝国家发展、增强国力的重要动力，中国是老挝亲密、可信赖的朋友和战略伙伴。老方诚挚感谢中方对老挝革命事业和国家建设予以长期支持。希望老中双方保持高层互访，加强两国在国防、安全领域的合作，加强双方在地区和国际领域的合作与协调，加强双方在治国理政、干部培训方面的交流，扩大双方经贸、文化、教育、司法、旅游等各领域合作，推动老中关系持续向前发展。①

2016 年 1 月 18 日至 22 日，老挝人民革命党举行第十次全国代表大会，提出要加强地区和国际交流与合作，在维护老挝国家和人民利益的前提下，奉行和平独立的方针，同周边各国和东盟共同体国家友好合作，积极参与维护亚太地区乃至世界和平、稳定、友谊与合作事业，积极融入地区和国际经济一体化，开展多领域、多层次的全面经贸往来，提高国内商品的国际竞争力，开展对外人文交流，有原则地接受外援。中国共产党中央委员会致电老挝人民革命党中央委员会，祝贺老挝人民革命党召开第十次全国代表大会。② 中共中央对外联络部部长宋涛作为习近平总书记特使于 26 日出访老挝，会见老挝人民革命党中央新任总书记本扬·沃拉吉，转交中共中央总书记习近平的贺信并转达口信，对本扬当选老挝人民革命党中央总书记表示热烈祝贺，表示中方愿同老方一道，承前启后，继往开来，加强战略沟通，增进政治互信，深化务实合作，推动中老全面战略合作伙伴关系不断向前发展。③

2016 年 5 月 3 日至 5 日，老挝人民革命党中央总书记、国家主席本扬对中国进行正式友好访问，与中国国家领导人进行了会

① 张朔：《胡锦涛与朱马里会谈　就推动中老关系提四点意见》，中新网，2011 年 9 月 19 日，http：//www. chinanews. com/gn/2011/09—19/3338341. shtml。

② 方文：《老挝人民革命党第十次全国代表大会述评》，载《学术探索》2016 年第 3 期，第 26—31 页。

③ 《宋涛转达习近平总书记致老挝人民革命党中央新任总书记本扬的口信》，新华网，2016 年 1 月 26 日，http：//news. xinhuanet. com/world/2016—01/26/c_ 1117903928. htm。

谈。中共中央总书记、国家主席习近平表示，新形势下双方要维护好近年来中老关系发展的强劲势头，抓住双边关系健康稳定发展带来的难得机遇，拓展中老全面战略合作广度和深度。2016年是中老建交55周年。半个多世纪以来，中老关系不断巩固和发展，双方建立了高度互信互助互惠的全面战略合作伙伴关系。在两党两国历届领导人精心培育和大力推动下，中老传统友谊经受住了时代变迁和国际风云变幻的考验，历久弥坚，成为共同的宝贵财富。中方高度重视发展同老挝的关系，愿同老挝党新一届中央领导集体一道，秉承长期稳定、睦邻友好、彼此信赖、全面合作方针和好邻居、好朋友、好同志、好伙伴精神，承前启后、继往开来，推动中老全面战略合作伙伴关系长期稳定健康发展，携手打造牢不可破的中老命运共同体。中国和老挝同为共产党领导的社会主义国家，理想信念相通，发展道路相近，前途命运相关，这是中老关系发展的重要政治根基。为拓展中老全面战略合作的广度和深度，双方要密切高层交往，保持政治互信高水平；要深化党际交流，促进互学互鉴，加强治党治国经验交流；要对接发展战略，推动务实合作，做好“一带一路”倡议同老挝“变陆锁国为陆联国”战略、中国“十三五”规划和老挝“八五”规划的有效对接；要加强人文交流，发展民心相通工程；要加强安全合作，维护稳定局面；要加强协调配合，深化国际事务合作。2016年是中国—东盟建立对话关系25周年，中方坚定支持东盟一体化进程，全力支持老挝当好东盟轮值主席国。本扬表示，“很高兴在担任老挝人革党中央总书记、国家主席后访问中国并同习近平总书记实现首次会晤。感谢中共中央和习近平总书记在老挝党十大召开和我本人当选中央总书记后发来贺信并派特使访老，这对老挝党和我本人是巨大鼓舞和支持。我此访是对老中两党两国高层友好交往传统的继承和发扬，相信必将深化双方高层互信。”他表示完全赞同习近平对进一步发展老中两党两国关系的建议。他表示，2016年对老中合作关系而言是具有重要意义的一年，双方将举办系列活动，共同庆祝建交55周年。老挝党和国家新一届领导集体将全面继承和发展同中国党、政府和人民的传统友谊和长期稳定的全面战略合作伙伴关系，与中方一道，努力推动老中友好关系不断开花结果。感谢中方对老挝担任东盟轮值主席国的支持。①

本书作者与老挝外交部办公厅官员进行座谈

2016年9月6日至9日，李克强总理出席在老挝万象举行的东亚合作系列峰会，并对老挝进行正式访问，与老挝领导人进行了会谈。老挝人民革命党中央总书记、国家主席本扬在会见时表示，此访将为进一步巩固老中传统友谊和推进两国全面战略合作注入新的动力。老中传统友谊深厚，各层级交往密切，经济、人文、国防等领域合作顺利，铁路、航天等重点项目合作具有历史意义。他感谢中方对老方成功举办东亚合作领导人系列会议的宝

① 杨迅：《习近平同老挝人民革命党中央总书记、国家主席本扬举行会谈》，《人民日报》，2016年5月4日，第1版。

贵支持。老方愿本着“四好”精神，推动老中全面战略合作伙伴关系深入发展。李克强表示，中老始终相互尊重，平等相待，彼此支持。中方祝愿老挝革新事业不断取得更大成就，愿同老方巩固传统友谊，加强高层交往和治国理政经验交流，深化务实合作，推动两国关系长期健康稳定发展。李克强指出，中老深化合作面临新的机遇。中方愿同老方加深利益融合，密切各领域合作，特别是加强产能与投资合作，稳步推进中老铁路、经济园区、水电开发等大项目建设，实现互利双赢。共同办好中老建交55周年系列活动，增进教育、旅游、地方等领域交流与合作。[①] 值得指出的是，2016年是中老建交55周年，李克强总理4次与老挝总理见面，分别是在3月23日会见来华出席澜沧江—湄公河合作首次领导人会议及博鳌亚洲论坛2016年年会的老挝总理通邢·塔马冯（Thongsing Thammavong）、7月14日在蒙古首都乌兰巴托参加出席第11届亚欧首脑会议期间，9月8日对老挝进行正式访问期间以及11月28同来中国进行正式访问的老挝总理通伦·西苏里（Thongloun Sisoulith）举行会谈。

二、中老外交关系的特点

总的来看，中国与老挝双边外交呈现出以下几个特点：

第一，理念导向，和平发展。中老两国都是实行社会主义制度的国家，在内政外交的许多方面都具有高度相似或相同的意识形态和价值理念，特别是在促进共同和平发展，建设责任、利益和

① 蒋涛、齐彬：《李克强会见老挝人民革命党中央总书记、国家主席本扬》，中新网，2016年9月8日，http：//www.chinanews.com/gn/2016/09—08/7998744.shtml。

命运共同体等方面形成了一致立场，为两国开展合作奠定了非常良好的思想基础。从内政方面来看，中老都强调坚持党的领导，执政党长期执政，并将自己的战略构想反映到本国国家建设的发展方向和道路上，因此更容易在共同关心的双边和多边议题上团结互助。当前，两国都致力于促进本国和本地区的和平发展，这既是两国多年来通过改革开放促进国家现代化建设的必然要求，也是两国领导人对本国和地区各国人民负责的历史选择。

第二，多元平衡，优先方向。从目前来看，老挝仍然将与越南的“特殊关系”作为自己外交政策的重要基石，将与东盟关系作为提升自己国际地位的重要平台，而与中国关系则是其实现发展繁荣的重要依靠。从发展趋势上看，中越两国在实力和能力上的差距将会更大，对促进老挝党和国家建设的贡献和影响的差距也将拉大。中国从来没有强调要与其他国家发展某种形式的特殊关系，也从来未将其他国家的内部事务作为自己的分内责任，也未要求老挝迎合中国的对外政策做出某种形式的牺牲。中老两国是一种平等互利的全面战略伙伴关系。老挝的务实外交政策是一种理性选择的结果，更是老挝根据自己的利益倾向而形成的框架。1997 年 7 月 23 日，老挝正式加入东盟，成为东盟成员国，为老挝加强同地区和国际其他国家的联系与合作提供了新的渠道。因此，老挝当前在对外关系上将越南、东盟和中国作为合作优先选择的排序也将逐渐淡化，更加显示老挝对外政策的独立自主性。

第三，双向选择，相向而行。老挝看重中国日益强大的整体实力和能力，以及切实帮助老挝发展的真诚意愿，可以为老挝提供比较缺乏但急需的资金、技术和管理经验，而中国则看重与老挝的传统友谊和快速增长的市场，以及双方互补的产业结构布局，为双方发展提供可以利用的政策空间。中国和老挝的战略合作是一种相互选择的结果，体现了两国在许多问题上的共同利益和需求。当前的老挝经济发展水平仍十分落后，要想尽早摆脱最不发达国家的地位还需要做出更多的努力，也正是如此，在面临众多合作对象的过程中，老挝选择的不是单纯的外部发展援助，而是倾向于争取更多的外国直接投资，提振老挝经济持续性发展和增长的动力。中国是老挝的关键合作对象，但始终不是唯一的。作为老挝的近邻和紧邻，中国在寻求与东盟所有国家合作的过程中将老挝作为优先选择对象是理所当然的，但老挝也不是不可替代的。中老关系的稳健发展得益于双方对对方的高度认同以及进行战略合作的现实需要。

第四，全面合作，稳步开展。中国与老挝双边全面战略合作伙伴关系存在着比较具体细致的《行动规划》，涵盖着政治、经济、社会文化等诸方面，与包括老挝在内的中国—东盟 3 个《行动计划》、东盟共同体蓝图以及澜湄合作机制宣言也是一脉相承的，体现出双方在多边和双边上努力进行以结果为导向的战略合作。从目前来看，中老合作在政治协调、经济协作和文化交流三大领域的比重是不相同的，各自的地位和作用也是有所差异的。中老两国领导人互访频繁是双方合作的推动力，而经济领域则是双方合作的重要内容，社会文化交流则为双方经济合作提供了粘合剂，也为两国人民的持久友谊奠定基础。然而，从目前和未来情况来看，老挝的国家安全面临的主要是非传统安全挑战，因此两国在多边和双边合作的主要方向也应立足于此，这也将成为促进两国关系更加紧密的新动力。

三、中老关系的成就与挑战

中国与老挝的政治关系的发展进程显示出老挝强烈的政治倾向

和中国一贯的友好倾向，并随着国际和地区形势的发展，最终促进了两国都将对方视为自己最优先选择之一。

（一）中国与老挝关系的成就

第一，中国和老挝两国执政党在治国理政上理念相同，都已经将对方视为可以信赖的“好邻居、好朋友、好同志、好伙伴”。经过几十年的接触互动和沟通联系，两党党际关系已经相当稳健和顺畅，两党领导人保持着经常性的互访，可以更直接地相互学习对方的一些新思想和新政策，逐渐树立起党对国家建设的高度自信。在党的建设上，老挝逐渐摆脱了以越南为优先学习对象的习惯，更多地将中国作为自己学习的重要参考，为两国关系的发展奠定了坚实的基础。例如，在2016年初老挝党和领导人刚刚通过选举实现换届后，老挝人民革命党总书记、国家主席本杨·沃拉吉在5月初就率团对中国进行正式工作访问。9月初，本扬作为嘉宾国元首来华出席二十国集团领导人杭州峰会。他与中国国家主席习近平进行了会谈，表示老挝党和国家新一届领导集体将全面继承和发展同中国党、政府和人民的传统友谊和长期稳定的全面战略合作伙伴关系，与中方一道，努力推动老中友好关系不断开花结果。① 老方继续支持中方在国际和地区事务中发挥重要作用，并愿同中方密切沟通协调。② 2016年9月初东亚合作领导人系列会议期间，中共中央政治局常委、国务院总理李克强对老挝进行正式访问。中老全面战略合作伙伴关系得到了充分体现。

① 《习近平同老挝人民革命党中央总书记、国家主席本扬举行会谈》，中华人民共和国外交部网站，2016年5月3日，http：//www. fmprc. gov. cn/web/zyxw/t1360348. shtml。

② 《习近平会见老挝国家主席本扬》，中华人民共和国外交部网站，2016年9月2日，http：//www. fmprc. gov. cn/web/gjhdq＿676201/gj＿676203/yz＿676205/1206＿676644/xgxw＿676650/t1394113. shtml。

第二，在国际关系上，中老两国领导人在国际和地区事务上保持着密切沟通和协调，体现了两国关系的战略性质。从外交布局上看，中老两国各具特点，但相对来说，中国努力成为一个负责任的全球性大国，外交格局更大一些，而老挝更关注地区形势的变化，特别是将越南、中国和其他东盟国家作为自己的外交重点，因此两国在地区事务上的契合点更多一些，合作也更明显一些。从多边机制上看，中国和老挝都是从领导人到工作组等多层级会议的重要参与者，包括东盟 +1、东盟 +3 和东盟 +8 机制，多个大湄公河次区域合作机制以及2015 年年刚成立了的澜湄合作机制，取得的成果也比较多，对促进两国发展和地区繁荣都做出了积极贡献。

第三，两国在国家建设上相互支持，共同扶持促进共同发展。对老挝来说，促进国内政治稳定和经济发展是外交工作迫切需要解决的问题。当前的中老两国关系已经变得相当稳定、成熟和务实。老挝将中国经济的快速崛起和国际地位的日益提升，视为自己获得经济发展、提高社会福利的重要机遇。中国边境省份，特别是云南，近年来在基础设施和民生工程建设上取得了较快发展，成为老挝学习极具参考性的对象。另外，中国的发展模式对老挝也具有非常重要的借鉴意义。在对外开放和经济改革上，老挝与中国虽然存在着相似之处，但在一些具体的问题上，如私有化改革等方面，甚至已经走在了前头，经验和教训也非常值得中国关注。

第四，中国和老挝达成了许多具有建设性的合作协议、行动计划和具体项目。老挝是世界上最不发达国家之一，迫切需要在经济建设上取得成就。近年来，老挝提出了一些旨在改善国家发展环境的政策倡议，如要将老挝从“陆锁国”变成“陆联国”，成为东南亚大陆的“蓄电池”等。然而，老挝迫切需要大量的外部投资才能实现这些宏伟目标。在这种情况下，老挝将中国的投资和援助视为最可靠、最方便和最具吸引力的来源。中老铁路和中国企业在南欧江建设的梯级电站已经成为老挝实现这两大目标的重要品牌。为了更直接地吸引中国企业落户老挝，老挝还与中国建立了跨边境的磨丁—磨憨经济合作区，以及计划到2020年在全国41个目标地区建成10个经济特区和29个经济专区。①

（二）中国与老挝关系的机遇

从趋势上看，中老两国在夯实和促进全面战略合作伙伴关系的基础上，仍存在着很多合作的新增长点：

第一，在加强两国政府官方关系的同时，也要增进社会力量的互动关系。近年来，随着两国交往的日益增多，双方在对方的驻外办事机构也增长迅速。除了双方在对方首都建有大使馆外，老挝分别于1992年、1999年、2009年在昆明、香港和南宁设总领事馆，2010年在云南景洪增设领事办公室。2014年1月和7月，老挝在上海和广州有分别设立了总领事馆。中国在2013年12月设立了驻琅勃拉邦总领馆。这些都为两国加强各层次的交流提供了较大的方便。然而，两国之间的社会交往仍相当有限，仅限于为数不多且目的较为单一的企业人员和游客等。中老两国对公民社会组织管理政策相似，对两国交流公民社会组织管理经验和两国公民社会组织交流，促进两国社会相互交流与学习，促进两国社会发展，具有较重要的意义。另外，两国还可以在青年交流、留学生奖学金、禁毒反毒、打击人口走私和人道主义救援等方面加强

① 陈定辉：《老挝经济特区和经济专区简介》，《东南亚纵横》2013年第7期，第16页。

合作。

第二，中国和老挝需要进一步加强军事交流与合作，提升两国军事安全合作关系。近年来，中老两军关系获得了顺利发展。中国军队领导人迟浩田、张万年、于永波、梁光烈等先后访老，老挝副总理兼国防部长隆再等老军领导人也多次访华。[①] 在2015年9月3日纪念中国人民抗日战争暨世界反法西斯战争胜利70周年大会上，老挝军队代表队参加北京“9·3”大阅兵，这也是老挝人民军第一次走出国门接受检阅。未来，双方可以利用中国促进与东盟国家商签睦邻友好合作条约的机会，首先与条件基础较好的老挝先行先试，加强与老挝增强在军事安全情报、军队培训和建设，以及军备技术交流等方面的合作。包括老挝在内的东盟国家除了东盟外长会议和防长会议等一轨机制外，还有东盟国际问题研究所（ASEAN-ISIS）和东盟防务与安全研究所网络（NADI）等二轨机制，但包括中国在内的一些东盟对话伙伴与东盟国家仅存在东亚峰会外长会和东盟防长扩大会议，并没有建立起二轨扩大机制。中国的一些军事和安全研究机构可以与包括老挝在内的同行先行建立机制性联系，为促进中国与东盟军事安全信心和信任奠定基础。

第三，中国和老挝可以进一步提升文化、教育、卫生等领域交流与合作的质量。近年来，中老两国在这些领域的交往虽然不断增多，但中国单方向到老挝的交流较多，老挝到中国的较少，真正意义上的互动和交流不够。例如，2014年1月，中国云南广播电视台和老挝国家电视台在老挝首都万象联合举办名为“中老情·合家欢”的春节电视晚会。2014年9月，为庆祝两国建交53周年，中华全国归国华侨联合会应老挝中国

---

① 《中国同老挝的关系》，中华人民共和国外交部，2014年7月，http：//www.fmprc.gov.cn/chn//gxh/cgb/zcgmzysx/yz/1206_17/1206x1/。

商会湖南分会的邀请，到老挝进行名为“亲情中华·魅力湖南·美丽常德”的文化交流活动。老挝男女乒乓球队长期在中国接受训练。[①] 老挝苏州大学成立于2011年7月，是获得老、中两国政府批准、支持的中国在海外创建的第一所高等学府。中国要与老挝在社会文化上建立高度的相互认同，就需要将中国与老挝互动落到实处，特别是让两国民众能切身体验到两国合作的好处。

第四，中国和老挝需要切实落实双方参与的相互重叠的多边和双边合作机制和计划。包括老挝在内的东盟成员国大多经济发展水平较低，竞争力不强，因此对落实自由贸易协议和共同体蓝图及相关行动计划的能力和经验不足，意愿也非常有限。东盟国家遵循的“东盟方式”也强调执行上的自愿性和多速性，即东盟成员国可以自主选择自己能够执行的政策文件，即使对具有较强约束力的自贸协议也是如此。中国与东盟虽然开始从2010年1月1日起落实自贸协议，但直到2015年1月1日才与包括老挝在内的东盟新成员国落实自贸协议。中国与老挝需要充分兑现自己对多边和双边政策文件的承诺，才能实现预期的战略目标。此外，中国和老挝在国际、地区和次地区等多边平台上，以及中国提出的“一带一路”倡议和主导成立的“亚洲基础设施投资银行”和设立的“丝路基金”等方面上，仍需要加强合作。随着中老铁路建设将来的完工和运行，中国与老挝的关系通过基础设施的联系将更加便利，会相应地促进两国在经贸、投资、金融和社会人文交流等方面的发展，也会极大地增进两国在政治安全上的合作。

---

① 吴杰伟:《中国对东盟国家的援助研究》，载《东南亚研究》2010年第1期，第46页。

（三）中国与老挝关系的挑战

中国和老挝的合作也存在着一定的挑战或制约因素。首先，国际和地区形势的不断演变，使中老两国都需要将一些战略资源投入到更广泛的平台和领域中，会限制两国将自己的注意力聚焦在维持和发展两国关系上。国际和地区一些国家，特别是美国、日本和越南往往从“零和博弈”的思维出发，非常担心中老关系的改善会削弱它们在老挝的存在和影响。其次，老挝在对外战略上一直坚持务实的多元平衡政策，不会与包括中国在内的任何一个国家建立军事同盟关系，即使东盟也只是一个具有多边论坛性质的地区组织，而不是一个军事同盟。老挝与越南的“特殊关系”也不是一种军事同盟关系，同时也呈现出弱化和正常化的态势。再次，老挝的文化教育水平很低，人员素质不高，缺乏有经验的中高级专业人员，会约束或限制两国在各方面合作的质量。在中老铁路建设前夕，中国企业培养了大批老挝管理人员和专业工人，对铁路工程的顺利开展会有很大的促进作用，在某种情况下也符合两国的共同利益。最后，老挝年轻一代思想比较多元，有些还存在着较强的西化倾向，可能会对中老关系的战略发展产生一定的不确定性。

在双方共同努力下，中老两党两国关系历久弥坚，政治互信日益深化，经贸合作快速发展，人文交流空前活跃，目前已经进入历史最好时期。中国和老挝要坚持“长期稳定、睦邻友好、彼此信赖、全面合作”的政策方针，继续做肝胆相照的好同志，保持和深化政治互信；合作共赢的好邻居，更好促进两国共同发展；心心相印的好朋友，推动传统友谊深入人心；以及相互提携的好伙伴，深化在国际地区事务中的合作。[1] 中国和老挝将进一步深入推进高度互信互助互惠的中老全面战略合作伙伴关系，打造牢不可破的中老命运共同体，为维护本地区乃至世界的和平、稳定、发展做出更大贡献。[2]

① 李克强：《巩固中老传统友好增进两国人民福祉》，引自中国日报网，2016 年 9 月 7 日，http：//cn. chinadaily. com. cn/2016—09/07/content_ 26727741. htm。

② 《习近平致函祝贺老挝建国 40 周年》，中华人民共和国网站，2012 年 12 月 2 日，http：//www. mfa. gov. cn/web/zyxw/t1320707. shtml。

第三章
中国对老挝的投资

近些年来，随着中老两国经贸关系的不断发展，特别是中国提出“一带一路”倡议以来，中国企业对老挝的投资规模和投资领域都呈加速扩张的态势。老挝的政府和社会层面对于加强与中国的投资合作具有较高的期待，同时投资过程中存在的一些问题也日益显现。

一、中国对老挝投资的基本情况

从中国对老挝投资的流量来看，2015 年中国对老挝非金融类直接投资流量突破 10 亿美元，达 13.6 亿美元，同比增长 36.2%，在东盟国家中仅次于新加坡而位居第二。[1] 在存量方面，截至 2005 年末，中国企业对老挝的直接投资存量还仅为 0.329 亿美元。然

① 《我对老挝投资大幅增长在东盟国家中位居第二》，中国驻老挝使馆经济商务参赞处，2016 年 2 月 14 日，http：//la. mofcom. gov. cn/article/jmxw/201602/20160201254473. shtml。

而，随着近些年投资规模的迅速扩大，到2014年末，中国对老挝直接投资存量已达44.91亿美元。老挝也已跻身中国对外直接投资存量前20位国家（地区）行列（见表3.1）。可以说，中国企业对老挝投资已经在流量和存量两方面实现跨越式增长。

表3.1　2014年末中国对外直接投资存量前二十位的国家（地区）

排名	国家（地区）	存量（亿美元）
1	中国香港	5099.20
2	英属维尔京群岛	493.20
3	开曼群岛	442.37
4	美国	380.11
5	澳大利亚	238.82
6	新加坡	206.40
…	…	…
17	老挝	44.91
18	荷兰	41.94
19	中国澳门	39.31
20	缅甸	39.26
	合计:	7872.52

资料来源：中华人民共和国商务部、中华人民共和国统计局、国家外汇管理局：《2014年度中国对外直接投资统计公报》，第21页。

从中国对老挝投资的产业构成来看，矿业、电力、农业、制造业是最为集中的四大领域。中资企业早期赴老挝投资一般比较集中于矿产业、农业、电力、橡胶种植、仓储物流和工程建筑等领域，这与老挝的国家要素禀赋以及政府吸引外资政策都有直接关系。根据老挝计划和投资部投资促进局提供的资料，从2000年1月1日到2013年6月1日，其批准的来自中国的协议投资额共约

49亿美元，其中矿业居首位，占总投资比重超过50%，其后是电力和农业，制造业位居第四，存量投资总额仅3.9亿美元，占比不到10%。[①] 据老挝《新万象报》报道，2011—2015年5年间，能源矿产业生产总值达943423.9亿基普（约合117.9亿美元），与2006—2010年相比增长9.22%，占国内生产总值的12%，出口矿产品84.6亿美元。[②]

老挝农业基础薄弱，工业化进程缓慢。国际货币基金组织发布的2015年老挝国别报告也指出，老挝减贫和发展的难题在于农村和日益不平等的收入差距。近年来，中国对老挝农业生产的投资重视程度很高，紧随矿业和电力领域。老挝盛产谷物和经济作物，其中糯米稻占90%，咖啡是出口的主要农作物。此外，老挝还生产橡胶、烟叶、茶叶等。当地的农业生产缺乏资金、技术和市场。老挝政府在农业领域重点扶持的三大产业是：大米、谷物和食品加工。就中国—老挝农业合作而言，2001年至2009年期间中国对老挝农业的直接投资达到12亿美元，仅次于矿业、电力和服务业。中国投资企业主要集中在老挝的北部，经营项目主要是农业种植，有水稻、玉米、甘蔗、蓖麻、橡胶、木薯、蔬菜、烟叶以及热带水果等。[③]

中国地方政府也积极推进中老农业领域合作。例如2016年初在湖南长沙举行的中老粮食合作成果发布会暨老挝大米中国首发仪式，标志着老挝大米正式进入中国市场。这些老挝大米是湖南炫烨生态农业发展有限公司和老挝农林部的农业战略合作成果，

① 郭继光：《中国企业对老挝的直接投资及其影响》，《东南亚研究》，2013年第5期，第39页。

② 《能源矿产业占老挝国内生产总值12%》，2015年5月13日，http：//la.mofcom.gov.cn/article/zwjingji/201505/20150500973253.shtml。

③ 李好：《未来几年老挝投资环境及投资建议》，《广西大学学报》2014年第3期，第47页。

被列入湖南省人民政府《湖南省对接“一带一路”战略行动方案（2015—2017年）》的重点支持项目。2016年1月6日，首批88吨老挝大米抵达中国，经检验，这批米破碎率低于2%，香米纯度大于96%。老挝大米在中国不会通过传统的商超方式进行销售，而是在北京、上海、广州、深圳、长沙等地设立自营店，以及通过中粮我买网、网上供销社、搜农坊等线上平台进行销售和推广。湖南省商务厅副厅长周越表示，近年来，湖南对老挝等东盟国家的投资合作进入快速上升的通道，投资效益不断提升，带动了双边进出口贸易的发展，也增强了双边传统友谊和文化交流。此次老挝大米的引进和销售，不仅能为中国百姓餐桌提供更多的选择，而且将作为一个重要平台，为湖南与老挝双边经贸合作打开更广阔的前景。①

除了农林矿等传统投资产业外，伴随老挝国民经济发展的需要，中国企业对老挝投资也越来越多地向新产业领域扩张。

首先是电力产业投资和项目建设。2011年12月，云南电网公司与老挝国家电力公司正式签署《云南电网公司与老挝国家电力公司关于老挝北部115千伏送电项目EPC（工程总承包）合同》，该合同涉及项目实施中的设计、采购及供应、施工建设等各个环节，开启了云南电网公司对外项目承包的全新模式。② 与传统投资参与老挝水电工程承包建设不同，当前中资企业所涉足的电力产业投资更多着眼于为老挝国内民众和企业提供充足电力供应，而非之前主导老挝水电建设的跨境电力销售合同引领下的工程项目。事实上，老挝虽然致力于达成其作为“东南亚蓄电池”的目标，

① 《“一带一路”中老农业合作结硕果　原生态老挝大米正式进入中国市场》，新华网，2016年1月22日，http：//news. xinhuanet. com/politics/2016—01/22/c_ 128657254. htm。

② 虢晓芳、冷希洛：《中国企业在老挝电力投资的前景和风险分析》，《云南财经大学学报》第3期，第9页。

但其国内电力能源供应却仍面临重大瓶颈，国内电价偏高也导致民众无力负担。因此，当前中资企业的投资参与将为改善老挝国内电网布局发挥重要作用，从而达到惠及老挝企业和民众的电力供应目标。

其次是空间科技领域。2016 年，经老挝总理府批准，中国与老挝合资成立的老挝亚太卫星有限公司与老挝计划投资部签署老挝卫星《特许经营协议》，正式获得业务经营资格。根据协议，老挝亚太卫星有限公司正式获得老挝政府许可，将可通过老挝一号卫星开展卫星通信、卫星电视和地面移动通信等业务。老挝一号通信卫星项目于 2012 年 12 月 1 日正式启动，由中国亚太移动通信卫星有限责任公司总承包。这颗卫星于 2015 年 11 月 21 日在中国西昌卫星发射中心用长征三号乙运载火箭成功发射。2016 年 3 月，卫星完成在轨交付，中老合资的老挝亚太卫星有限公司同时成立，负责卫星的商业运营。[①] 与此同时，中国自主建设的北斗卫星导航系统也已覆盖老挝全境，并开始为老挝各界提供卫星导航服务。

本书作者调研老挝亚太卫星有限公司

① 《中方投资的卫星通信企业获老挝经营许可》，2016 年 9 月 4 日，http：//news. ifeng. com/a/20160904/49896410_ 0. shtml。

第三是金融领域。2011 年中国工商银行万象分行正式开业。2014 年，由中国云南省省级地方性股份制商业银行——富滇银行股份有限公司和老挝本地最大的商业银行——老挝外贸大众银行在老挝设立的合资金融机构老中银行正式成立，这是老挝央行批准的首家中老合资银行，也是中国银监会批准的中国城市商业银行在境外设立的首家经营性机构，老中银行于 2014 年 1 月在老挝万象正式营业。[①] 目前，老中银行已开展包括基普、美元、人民币、泰铢四种货币的资产、负债及中间业务。

最后是房地产业。根据老挝政府确立的从最不发达国家行列“毕业”的目标，人均国民收入的提高必然伴随着城市化和工业化的快速发展，因而房地产业有望成为老挝国民经济增长的新支柱产业。目前由老挝都市资产集团建设的万象第一高楼拉萨翁广场项目就是一个典型例证，该项目总投资 1.5 亿美元，主要投资来源于中资企业，这体现出中资企业对于老挝房地产市场未来发展前景的乐观态度。一位在老挝从事房地产建筑开发的中国人士指出，“万象汇聚了多家有实力的中国建筑公司，大家都看准了老挝的房地产市场，将中国的经验用于老挝的城市建设。拉萨翁广场项目将成为老挝城市化进程中最具时代意义的项目，其正式投入运营后，预计可提供至少 1500 个就业岗位。”[②]

综上所述，随着老挝经济的开放转型，中国对老挝投资也在做出相应的适应和调整，在传统投资领域之外，也在不断开拓老挝经济中具有盈利潜力与市场拓展前景的新增长领域。

---

① 《老挝首家中老合资银行成立，助力在老中资客户发展》，2014 年 6 月 27 日，http://la.mofcom.gov.cn/article/sqfb/201406/20140600643042.shtml。

② 章建华：《老挝商界：中国投资助多边互利共赢》，《经济参考报》，2016 年 9 月 7 日。

二、“一带一路”倡议与中国投资老挝的新机遇

随着“一带一路”倡议、亚洲基础设施投资银行以及“澜沧江—湄公河合作机制”先后创立，中国企业对外投资的结构、方向和政策环境开始发生重大变化，也为中国对老挝投资在规模和构成方面的进一步提升创造了有利条件。

首先，中国和老挝在政府层面已经开始了新的战略对接。2016年9月，李克强总理在赴老挝出席东盟系列会议及出访老挝之际，与老挝领导人共同发表联合公报，双方决定加快中国“一带一路”倡议、“十三五”规划同老挝“变陆锁国为陆联国”战略、“八五”规划的有效对接，制定并实施好共同推进“一带一路”建设合作规划纲要，切实推进产能与投资合作，发挥中老两国政府经济和技术合作规划的作用。中方愿协助老方制定经济发展专项规划，继续为老挝实现经济社会可持续发展提供力所能及的帮助。双方将继续积极推进中老铁路项目。[①] 中老铁路全长417公里，建设期5年，总投资约374亿元人民币。2016年12月25日，中老铁路项目全线开工仪式在老挝琅勃拉邦举行，中老铁路建设迈入新阶段。围绕铁路开建，中老两国在基建、技术等领域将展开实质性合作。由中铁总公司牵头，我国企业将与老挝国内相关企业在工程勘探、工程设计和装备制造等领域开展有效合作。此外，“一带一路”倡议的提出还推动中国国内的对外投资相关管理制度的改革。2014年，商务部颁布新的境外投资管理办法，根据这一

---

① 《中华人民共和国和老挝人民民主共和国联合公报》，2016年9月9日，http://www.fmprc.gov.cn/web/ziliao_674904/zt_674979/dnzt_674981/lzlzt/lkqcxdyhzldrhy_687612/zxxx_687614/t1396153.shtml。

新管理办法，截至2016年9月8日，商务部和各省市商务主管部门完成境外投资的备案和核准共计21175件，其中核准件只有110件，占总数的0.5%，其余99.5%都只需备案就可以。[①] 更为宽松的政策环境使得中国企业对老挝投资更为省时便利。

其次，老挝和中国开展国际产能合作将带来更多的双赢利益。作为“一带一路”倡议之下的附带产物，国际产能合作已成为中国对外投资合作的重要方式和途径，制造业产能转移则构成其核心内容。中国与老挝等湄公河流域周边国家共同创立的“澜沧江—湄公河合作机制”就将产能合作视为一个重要抓手，并对其从合作形式和目的两方面做出明确界定。从合作方式来看，产能合作可采用直接投资、工程承包、技术合作和装备进出口等多种方式。而就其目标而言，产能合作则应以共同促进相关国家经济发展和产业转型升级为重点，强调增加企业员工和采购的本地化程度，加强本地员工培训，促进当地就业，创造良好的经济和社会效益，为生产环节中中小企业的发展提供必要支持。[②] 在发展出口导向型制造业方面，老挝具有一定程度的独特优势。老挝被联合国划定为最不发达国家，这是对其目前经济社会总体发展状况的基本判断，然而，对中老产能合作而言，这可以被视为一个有利条件。根据WTO贸易协定以及很多区域性和双边贸易协定的规定，最不发达国家可根据普惠贸易待遇（GSP）享有出口产品在进口国关税豁免优惠，因而面向美欧等发达国家出口市场的中资企业可以考虑将生产线转移至老挝，以享受普惠贸易待遇降低产品生产和销售成本。同时，边境贸易也是WTO贸易协定规定豁免于

① 《国新办举行发布会介绍〈2015年度中国对外直接投资统计公报〉相关情况》，2016年9月22日，http：//www.gov.cn/xinwen/2016—09/22/content_5110783.htm。

② 《澜沧江—湄公河国家产能合作联合声明》，2016年3月23日，http：//www.fmprc.gov.cn/web/gjhdq_676201/gj_676203/yz_676205/1206_676644/1207_676656/t1350038.shtml。

最惠国待遇的贸易形式，这也为山水相邻的中老两国通过加强边境贸易提升双边经贸合作水平创造了条件。

最后，随着中国对老挝投资的快速增长以及涵盖产业领域的不断扩大，中老两国政府日益注重通过提升中资和老挝本土企业集聚水平来带动工业化及相关产业发展，这一思路在具体政策方面体现为类别多样且具有特色的各种经济特区和专门经济区。

第一，中老边境经济合作区。2015 年 8 月 31 日，中国与老挝两国政府正式签署《中国老挝磨憨——磨丁经济合作区建设共同总体方案》。中老两国基于共同推进“一带一路”倡议，巩固和发展双边全面战略合作伙伴关系，以及提升两国互利合作水平等目标，决定在边境接壤的中国云南省和老挝南塔省建设和发展“中国老挝磨憨—磨丁经济合作区”。[①]

第二，工业加工区。在共同推进国际产能合作的大背景下，老挝也在力争把握这一契机以带动其本土工业化和出口导向型制造业发展。云南海投投资建设的老挝万象赛色塔综合开发区就是这样一个例子，2013 年 8 月该开发区正式成为中国国家级境外经济贸易合作区。老挝万象赛色塔综合开发区位于老挝首都万象市主城区东北方的赛色塔县和赛塔尼县，占地 10 平方公里，其主要经营思路是实现“工业园区 + 新城区”的开发模式，以“农产品出口加工基地、轻工产品出口加工基地、服务和物流中心、保税区、现代化商务区、公共配套和住宅区、休闲旅游区等”为支撑进行综合开发。同时，老挝政府也为开发区建设提供充分的政策倾斜和支持，特别是在税收减免方面的优惠待遇。获得开发区经营许可的入园企业进口商品或服务在开发区进行使

---

① 《中老签署磨憨—磨丁经济合作区建设共同总体方案》，2015 年 9 月 1 日，http：//la. mofcom. gov. cn/article/zwjingji/201510/20151001147759. shtml。

用、加工或销售的，免缴增值税。获得开发区经营许可的投资者在开发区内进行投资经营时，享受利润税方面的减免政策。出口比例占总生产总量的70%以上的或对于高技术设备、仪器和产品制造与组装的经营者，享有免税期10年的优惠政策，期满后纳税税率为6%。①

第三，农业合作示范园区。近年来中国和老挝两国政府的农业园区建设合作项目也呈现快速发展的趋势，例如，中国云南—老挝乌多姆赛“农业科技示范园”、中国广西与老挝占巴色“中国果蔬新品种试种基地”、中国重庆与老挝万象合作建设的“老挝重庆综合农业园”等经济合作园区。

在2016年9月9日发布的中老联合公报中，两国政府也对双方共同致力于建设的经济特区和专门经济区给予高度评价，双方还承诺将密切配合，建设好磨憨—磨丁经济合作区和万象赛色塔综合开发区。

本书作者与老挝自然资源与环境部座谈

① 《老挝万象赛色塔综合开发区招商》，2013年12月10日，http://la.mofcom.gov.cn/article/sqfb/201312/20131200419472.shtml。

三、中国对老挝投资面临的问题

老挝政府和社会民众对中资企业在老挝投资整体上的评价是积极的，认为中国公司为当地经济发展、就业创造和生活环境改善做出了积极贡献。但是在中国对老投资上也存在一些问题，其中有三个方面的问题是老挝最为关切的：中资企业员工雇佣本土化的问题；土地使用引发的相关问题；与投资相关的环境保护问题。另外，关于老挝的营商环境则是中国企业关注的问题，与老挝对中国投资看法有关，也一并列入。

（一）中资企业员工雇佣本土化问题

在工程承包领域，中国在老挝承接的工程项目在大幅增加。2015 年，工程承包项下中国对老挝派出人数超过 1.1 万人，在东盟乃至亚洲国家中位居第一。[①] 随之而来的是老挝对于中国公司雇员本土化的多元看法。从民间组织的角度看，具有普遍性的观点认为中国公司过多雇佣中国籍工人，对当地就业创造有限，但是缺乏具体的数据来支持这一看法。对老挝当地民众而言，中资公司待遇高，年轻人普遍希望能学好中文到中国公司上班。从老挝政府和智库的观点来看，中国公司的就业创造还是相当可观的，对老挝经济发展具有积极的推动作用。而对在老挝的中国公司而言，持续扩大雇佣老挝当地员工存在一定程度的现实困难，除教

① 《我对老挝外派劳务大幅增长在亚洲国家中位居第一》，2016 年 2 月 15 日，http：//la. mofcom. gov. cn/article/zwjingji/201602/20160201254863. shtml，2016 年 7 月 25 日访问。

育水平和技术因素外，语言问题是雇佣当地工人的最大障碍因素之一。例如，万象的孔子学院的短期中文语言培训供不应求，每期学员都爆满，这一现象也说明语言优势在到中国公司求职中的作用。同时，老挝苏州大学从2012年7月开始短期中文语言培训，迄今已办了19期外加3期暑期班，一共培训了2002人。

本书作者与老挝当地非政府组织代表座谈

总体而言，老挝是一个相对地广人稀的国家，全国人口仅为690万，是劳动力较为稀缺的国家。目前很多在老挝的外资企业都大量雇用外籍劳工和职员，其来源主要为泰国、越南以及中国。就中资企业而言，在老挝设立公司或承包项目时，其职员主要来自中国和老挝当地。本课题组在调研当地中资企业时发现，中资企业在用工实践中面临两难问题。一方面，中资企业对于老挝当地的劳动力需求比较大，因为许多中国员工身处异乡，需要面对由此引发的额外补助和家庭问题，用工成本比较高；加之对于老挝的热带气候难以适应，因而保持稳定的中国员工队伍实际上也存在一定难度。另一方面，老挝当地的劳工因为语言、技术、受教育程度等问题，中资企业很难雇佣到足够的可以适应岗位要求的当地员工。

为了增加就业机会，应对外籍劳动力大量流入的影响和冲击，老挝政府也已出台相关政策以对外资企业雇佣员工中的外国人数量加以限制。根据老挝政府颁布的相关管理办法，在劳动力所在单位和项目引进外国劳务人员的比例方面，引进的体力劳动者不能超过单位总人数的10%，脑力劳动者不能超过单位总人数的20%（政府批准的特殊情况除外）。其规定工作期限为2年，可以续期2年，最长不能超过4年。时间达4年者不予批准工作证、居住证和工作签证，直至隔2年后才可再申请。[①] 然而，这些规定在实际执行过程中也面临不少现实问题，既有当地劳动力供给的能力瓶颈，也有政府监管和执行的问题。其中最为突出的难题是老挝本土劳动力的技能和教育水平问题。老挝全国仅有5所大学、133所大专院校和11所师范学校，学科设置以农业、服务业为主，理工科的职业教育非常欠缺。同时，佛寺教育是老挝国民教育中不可或缺的一部分，佛寺教育多注重佛经和哲学，不注重理工科教育。目前老挝劳动力市场上，大多数从业人员没有受到过正规的职业培训，管理技术类员工比较缺乏。[②] 因此，要切实提高老挝当地就业水平，必须从根源上提高本土劳动力的技能培训和国家在现代化教育方面的投入。

总的来看，在雇佣本土化问题上，一方面是中资公司的用工需求无法在当地得到满足，另一方面老挝政府想提高本土员工的就业率。随着更多中资企业进入老挝从事经营活动，在劳动力雇佣方面存在的以上问题势必日益成为制约企业经营管理活动以及获

① 《政府关于外国人以经商和雇佣劳动方式在老挝谋生问题的处理方针和办法的决议》，老挝政府2011年03号文件，2011年3月6日发布，来源：http：//la. mofcom. gov. cn/article/ddfg/201204/20120408081967. shtml。

② 唐银平：《老挝中资企业实施人员本土化问题研究》，《现代商贸工业》，2016年第17期，第44页。

取利润的重要因素。这一问题需要在老挝的外国投资企业与老挝政府共同协商，以寻求更为妥善的应对之策。

（二）土地使用引发的相关问题

中资企业在老挝的投资，无论是农业还是工业以及房地产投资等，都不可避免地涉及到土地使用问题。在土地使用过程中，中资企业和当地政府以及民众之间产生的联系最为频繁和密切，也是非常容易引起争议的领域。一些老挝当地民间组织和政府人员也曾指出，中国企业在老挝的土地租赁和使用中存在不规范的行为，损害了当地人的利益。然而，课题组通过深入当地调研和访谈之后发现，实际情况大致可以分为两类：一类是小的民营资本投资，比如租赁土地种植农作物，的确存在一些私下交易，没有走正规的土地租赁手续，以及租约没有到期就因经营问题弃租的问题。但是这种现象并不具有普遍性，一般都只是零星个案。另一类土地问题，比如动拆迁产生的问题就较为复杂，中资公司按照规定交付相关费用，但是因为老挝方面的原因未能及时发放或者到位，引起对中资公司的不满是较为普遍的问题。

根据老挝法律，土地所有权均为公有，不得转让，企业或个人只能转让和受让土地使用权。获取土地使用权主要服务于两方面目的，一是用于生产经营目的的土地使用权获取，在老挝最为典型的是用于采矿业、能源行业以及农业的土地特许经营模式，由于在经营过程中可以拥有土地使用的掌控权，因而土地使用权深得投资者的偏好。根据2009年德国国际合作机构在万象和琅南塔省进行的土地特许经营调研，估计在老挝全国有两到三百万公顷，也即约合10%—15%的土地已被特许经营交易覆盖。[1] 2012年，老挝全国批准特许经营的土地已达5—6万公顷。为此老挝政府一度暂停全国的橡胶种植、桉树、矿产开采的土地特许经营许可证书的发放，宣布需等待政府进行全面的土地勘查后再次开放审批。具体措施包括，在矿产方面，停止颁发河流沙金开采许可证；已经批准的矿产项目，批准继续勘查、开采或加工；橡胶、桉树种植等需要大面积土地的项目，原则上暂停审批投资，直至完成农业土地调查及划分。[2] 另一方面，投资者还可以为居住目的而获得土地使用权，根据老挝《投资促进法》第58条规定，在满足以下条件的情况下，投资者可以获准被出让用于居住目的的土地使用权，即注册资本（现金）至少达到50万美元、转让土地系政府所有并经政府同意出让、投资所在地政府机关发放的证书、用于居住或商业目的的土地使用权所涉土地面积不得超过800平方米、以及由政府分配给投资者的土地使用权期限与投资期限一致。[3] 由此可见，老挝政府对土地的严格控制和管理制度，已成为对中资企业土地使用的硬性制约。中资企业在老挝当地存在的土地使用纠纷并不严重，而且起因多数不能归咎于中方。但是这一问题的存在却成为影响中国投资形象的重要因素，需要引起重视。

（三）投资引发的环境保护等问题

中资企业在老挝的投资多数集中在能源资源、水电站建设、道

---

① ［德］海克（Heike, B.）和［美］凯特（Kate, L.）著：《外国农业投资对老挝反贫困的机遇与挑战》，云南科技出版社，2012年版，第8页。

② 《老挝政府暂停有关土地特许经营权审批》，2012年5月30日，http://la.mofcom.gov.cn/article/sqfb/201205/20120508153903.shtml。

③ Phonethavong Singhalath, "Current Investment Regime of the Lao PDR", 27 - 28 March 2012, Phnom Penh, available at http://www.oecd.org/investment/investmentfordevelopment/50075285.pdf, accessed on July 7, 2016.

路交通等基础设施建设以及农业种植等领域，这些领域的投资必然会对当地环境产生一定程度影响。而老挝当地民间组织最为关注的议题之一就是环境保护问题。因此，在老挝存在不少对于中国投资破坏老挝自然环境的看法。

课题组通过走访当地参与水电站建设和能源资源开发的中资大型企业，以及当地的国际民间组织，发现环境保护与经济发展之间存在的相互冲突才是引发相关争议的主因。以水电站建设为例，按照当地民间组织的调查，湄公河上的水电站建设对于自然植被和森林的破坏，以及由此导致的气候变化都存在直接负面影响。然而，从老挝国家发展规划来看，水电站建设则是一个重要的经济发展战略。课题组经过访谈和调查发现，像中国水电这样的大型公司，在老挝参与的水电建设存在几种情况，一种是中国公司本身是水电站的发包、建设方，另一种是中国公司只是承包建设方，通常第二种情况占大多数。在第一种情况下，中资企业的水电站建设项目和其他国家的水电站建设项目一样，都需要具备合法的环境测评报告，否则无法立项。后一种情况则是，中国公司在水电站建设方面具有很强的技术和成本竞争优势，所以在老挝的绝大多数水电站都是中资公司建造的，老挝当地社区民众就容易误以为环境问题都是中资公司造成的。

随着中国“一带一路”倡议、中国—东盟加强产能合作声明以及澜沧江—湄公河国家产能合作联合声明的提出，中国对老挝的投资也进入又一个高速增长期。以二十国集团（G20）基础设施互联互通倡议为代表，新一轮中国对外投资的重要特点之一就在于侧重基础设施建设领域，以增强区域性互联互通。老挝经济面临着发展的重大契机，应妥善利用中国对外投资进入高速增长期所提供的机遇。与此同时，中资企业在老挝投资也面临着在整体投资和经商环境、劳动力雇佣以及土地使用权管理制度等多方面

本书作者与老挝中国总商会的会员公司代表座谈

的调整，需要老挝政府与中资企业加强对话交流，共同致力于推进老挝外资管理法律法规和政策的效率，并且通过中资的不断进入和相关法律和管理制度的日益规范化，提升老挝经济的市场化程度和整体开放水平。这必将有利于推动老挝经济均衡稳定增长，为老挝经济发展和走出最不发达国家行列做出贡献。

（四）老挝的营商环境

在过去的三十年改革开放进程中，老挝政府在市场化改革和政府放松管制及放权让利方面已经做出许多努力，为营造老挝更好的外商投资和经营环境奠定了良好基础。然而，由于老挝还是世界最不发达经济体，其营商环境也受到政府能力和可获资源的严重制约。根据世界银行编制的《2016 年营商环境报告》，尽管较 2015 年报告的排名已经有所上升，但老挝在总体营商环境国家排名中仍居较为靠后的位置，综合排名为第 134 位。在各类细分项目上，老挝在某些项目上却显示出较强的竞争力，其细分类别排名远远高于综合排名。这些老挝具备较强优势的项目包括：建筑许可办理，排名第42位，所需时间约为83天，按照占库房价值百分比计算的成本比例只有0.5%；产权登记，排名第66位，所需时间约为53天，按照占不动产价值百分比计算的成本比例约为1.1%；信贷获取，排名第70位；合同执行，排名第92位。相对而言，在其他几项细分项目上，老挝的营商环境就显示出较大劣势，其中包括：创立企业，排名第153位，所需时间约为73天，成本占人均收入的比例达到4.9%；电力供应，排名第158位，所需时间为134天，成本是人均收入的1522.6倍；解决无力偿债问题，排名第189位，债务收回率为零。① 总的来看，仍有待完善的营商环境对于中国投资也存在负面影响。中国在老挝投资引发的一些腐败问题，实际上与老挝自身的制度环境有关。

为了进一步改善营商和投资环境，2009年老挝国民大会通过《投资促进法》，这是针对外国在老挝投资的一项重要法规，目前老挝政府也正在就该法案的修正草案广泛征求意见和进行讨论。可以说，《投资促进法》是老挝引进外资法制化和规范管理的重要步伐。该法律第3条明确指出，老挝政府将制定政策创造良好投资环境以促进在所有经济部门的国内和外国投资，相关措施包括：提供有关海关管理、税收政策、劳动力以及土地使用权的指引及必要信息；提供一站式服务，根据法律保护投资者的所有权、权利及合理权益。② 该法律还对政府在投资保护方面的职责做出明确规定，即老挝政府全面承诺保护投资者投资项目免于政府的征收、没收或国有化措施。如果老挝政府需要出于公共利益目的而利用

---

① World Bank Group: *Doing Business* 2016: *Measuring Regulatory Quality and Efficiency*, International Bank for Reconstruction and Development, 2016, p. 213.

② Article 3 of Law on Investment Promotion, National Assembly, Lao PDR, No. 02/NA, July 08, 2009.

相关设施，投资者将获得相当于项目转让时当期市场价格的实际金额补偿，其支付方式由政府与投资者双方共同商议确定。[①] 老挝投资环境的持续改善将有助于中国企业在老挝的投资和发展。

① Article 61 of Law on Investment Promotion, National Assembly, Lao PDR, No. 02/NA, July 08, 2009.

第四章 中国与老挝的贸易

长期以来，老挝作为传统农业国家，对外贸易发展滞后。近年来，在外商投资的带动下，老挝出口产业口渐发展。自老挝革新开放政策实施以来，对外贸易增长显著，中国作为老挝的第二大贸易伙伴，对老挝贸易增长更为明显，目前中老贸易额仅次于老挝与泰国贸易额。未来，随着中国对老挝投资的不断增长，老挝国内相关产业体系逐步建立，投资的贸易创造效应进一步显现，对外贸易账户平衡亦将有效改善。

一、老挝对外贸易整体发展状况

老挝经济制度与中国类似，从计划经济转型到市场经济，目前已经历七个“五年计划”，从2016年起进入“八五”。老挝革新开放政策以来，在贸易领域进一步加强改革，不断降低对外贸易壁垒，同时逐步放开贸易经营权，促进贸易自由化发展。政府在贸易政策领域亦增大改革力度，在全面推行对外贸易承包经营责任制的同时，实施外贸代理制度，推动进出口、工贸结合等原则。近年来，为刺激经济发展，老挝政府积极推出各种贸易刺激政策，比如积极的财政政策，鼓励出口，推动出口替代和实施出口补贴等。与此同时，老挝积极融入全球化经济，通过加入东盟来增强与东南亚国家的经济联系。同时，经过一系列政策谈判后，老挝于2013 年如愿以偿地加入世贸组织。[①]

自革新开放政策以来，老挝对外贸易发展迅猛，初始阶段主要以农产品及初级工业品为主，比如大米、玉米、咖啡、谷物、牲畜、电力、家具和服装等。2015 年老挝对外出口构成中，电力出口占14%，铜矿石占11%，原木和锯木合计占23%。此外，橡胶、咖啡、棉花和大米作为小众出口产品也占据一定的份额。[②] 出口市场主要以泰国、越南、中国和欧美为主。开放政策实施以来，老挝对外贸易增速迅猛，1990—1996 年期间，几乎增长了 4 倍，从1. 02 亿美元上升至4. 27 亿美元，如表 1 所示。1997 年老挝加入东盟，初期由于受到东南亚金融危机的影响，出口贸易增长出现一定程度的波动，甚至负增长，但2000 年以后增速进一步企稳。尤其是老挝于2012 年加入世贸组织，国内经济政策改革与国际进一步接轨，在外来投资的带动下，老挝国内出口产业体系开始建立。

老挝还积极参与和推动包括中国西南、泰国、缅甸、柬埔寨和越南在内的湄公河次区域经济合作，贸易和投资是合作的重点领域和发展方向。在一系列配套政策的带动下，老挝对外贸易增长进一步提速。出口贸易从 2000 年初的 22. 57 亿美元迅速增长至

① ［老挝］佟湾：《中国—东盟自贸区构建对老中贸易及老挝经济增长的影响》，载《保定学院学报》，2015 年第 3 期。

② OEC. Economic information about Laos. Available at：http：//atlas. media. mit. edu/en/profile/country/lao/

2014年的34.34亿美元，并且出口产品更加多元，初级工业品和制成品比重显著上升。但目前老挝对外出口产品构成中仍以农产品、自然资源和矿产品为主。泰国、中国和越南是老挝的主要贸易伙伴。在进口贸易方面，由于老挝处于发展初期，大量工业制成品甚至生活消费品需要依赖国际市场进口，目前老挝对外贸易还是以赤字为主。经常账户赤字需要通过国际投资和国际援助资金的流入才能得以弥补。但随着老挝出口产业体系的逐步完善，尤其是电力出口的增长，老挝经常账户将呈逐步改善之势，如表4.1所示。

4.1　1990—2014年老挝对外出口额及增长率（亿美元）

年份	出口额（亿美元）	增幅%
1990	1.02	—
1991	1.34	31.37
1992	1.94	44.78
1993	3.33	71.65
1994	3.39	18.02
1995	4.08	3.82
1996	4.27	4.66
1997	4.24	-0.7
1998	4.87	14.86
1999	4.68	-3.9
2010	22.57	55.66
2011	24.04	6.51
2012	28.48	18.47

续表

年份	出口额（亿美元）	增幅%
2013	36.45	27.98
2014	34.34	-5.79

资料来源：高万荣（2016）[①]

二、中国与老挝贸易关系发展历程

老挝与中国的贸易关系曾经历过一些曲折，20世纪七八十年代受到中越关系的影响，老挝与中国政府之间一度断绝外交关系，中老贸易亦无从谈起。一直到1986年两国外交关系恢复，两国经贸往来才重新步入正轨。双边贸易从1984年的20万元迅速上升至1988年的2030万元人民币。随着两国领导人互访的实现，在一系列便利政策的实施下，中老贸易发展迅猛。在中国企业和资本流入的影响下，老挝北部地区的琅勃拉邦建立了各种合资企业、商店、汽车修理厂、木材和食品加工厂。

当前，中老贸易总体上处于高速增长态势，一方面中国对老挝的出口增长，同时老挝对中国的出口的增长也较为迅速。目前中国已成为老挝的第二大出口市场，2016年全年，中国老挝贸易总额达到23.4亿美元。[②] 尽管如此，中老贸易整体规模相对较小，老挝在中国对东盟贸易中的比重仅为0.6%。但随着中国对老挝投资的进一步增长，未来老挝对中国出口增长仍具有较大空间。

---

① 高万荣：《老挝出口贸易发展现状、问题及对策》，吉林大学硕士论文，2016年4月。

② 中国国际贸易促进会：《中老去年双边贸易达23.4亿美元 成老挝最大外资来源国》，2017年7月11日，http：//www.ccpit.org/Contents/Channel_4117/2017/0711/839104/content_839104.htm

表 4.2　2006—2015 年中国－老挝进出口贸易（单位：万美元）

	进出口	出口	进口
2006	21836	16872	4965
2007	26386	17794	8592
2008	40237	26811	13426
2009	75180	37717	37463
2010	108512	48362	60149
2011	130088	47627	82461
2012	172078	93414	78663
2013	273266	172258	101008
2014	361736	183948	177788
2015	277310	122576	154734

资料来源：国家统计局数据库。

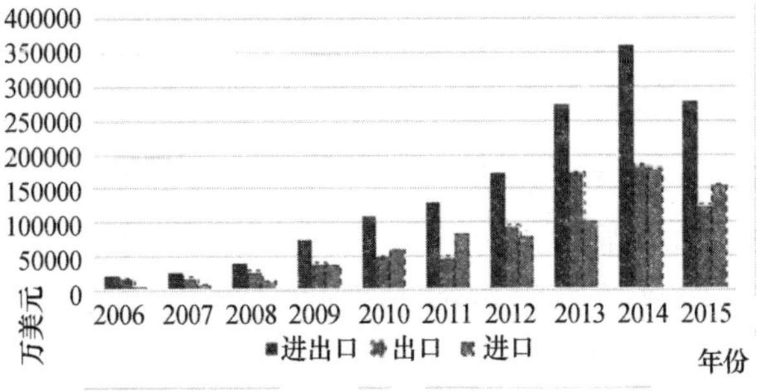

图 4.1　中国—老挝进出口总额（2006—2015）

资料来源：国家统计局数据库。

中国、老挝贸易合作主要基于中国—东盟自贸区（CAFTA）框架下，CAFTA 在此框架下，各国之间大多数进出口货物享受免税待遇。中国对老挝等最不发达国家的免税力度更大，截至 2015 年底，绝大多数老挝对华出口商品享受零关税待遇。中国已与东盟签署了包括《投资协议》在内的一系列自贸区协议，未来中国投资老挝企业亦可享受向其他东盟成员国零关税出口商品的政策优惠，目前中国已经成为老挝的第一大外资来源国。与此同时，老挝作为最不发达国家，还享受诸多超优惠政策。因此，CAFTA框架下，中国对老挝投资的贸易创造效应将进一步显现。

中国和老挝两国在技术合作等服务贸易领域亦取得巨大进步。近年来，中老两国进行了广泛的技术合作，在农业领域，中国帮助老挝改善水利基础设施条件、提高农业生产技术和生产水平、扩大农产品深加工、开展植物病虫害防治技术合作、发展北部替代经济种植等；在资源领域，中老两国加强钾盐、铜矿、锡矿等领域的开采技术合作，帮助老挝培养相关领域的技术人员；在能源领域，中国企业帮助老挝进行水电项目、电网、煤资源开发、新能源和可再生能源的技术开发和利用。此外，中国还正与老挝在广播电视、卫星通信等领域加强技术合作。

除上述已开展贸易领域外，未来中老两国贸易空间有待进一步拓展。目前诸多领域尚未开发，比如农产品贸易方面，受限于运输条件制约，老挝大量优质高端农产品无法进入中国市场。老挝农业部积极推动高端和生态农业贸易，然而受限于生产能力和运输条件，农业贸易开发仍处于较低水平。以老挝大米为例，中国对进口老挝大米提供了较高的配额，但目前老挝国内的大米生产远达不到配额标准。① 此外，老挝拥有大量寺庙和人文古迹，旅游产业发展空间巨大，但由于缺乏健全的配套设施，老挝尚未能大量吸引中国游客前往。旅游业可成为中老贸易合作的重要发展方向，其发展空间和潜力巨大。

---

① 近年来，随着中老两国全方位合作的开展，老挝对华农产品出口迅速增长，2017 年炫烨（老挝）有限公司计划向中国出口老挝大米 20000 吨。

三、中老贸易发展的特点及存在的问题分析

（一）官方交往成贸易增长重要动力，民间交流是双边贸易重要基础

中老贸易增长很大程度上受到良好的双边关系推动，双边政策合作也是经贸合作的重要推动力。21 世纪以来，两国领导人互访频繁，签署了一系列发展合作文件。早在 2000 年 11 月，时任中国国家主席江泽民访问老挝期间，与老挝领导人达成《老中两国经济技术合作协定》《老中经济、贸易、技术合作委员会首次会议纪要》《老挝工业手工业部和中国国土资源部合作开发万象钾盐矿的原则协议》《老挝农业部和中国农林部关于农业合作的谅解备忘录》等一系列经济合作协议；2007 年胡锦涛主席来访后，中老关系迅速升温。中老两国陆续签订一系列技术和商品贸易协定，尽管很多项目涉及投资和发展援助，但投资直接形成了贸易创造效应，比如直接从中国进口相关装备和技术等。近年来，中国对老挝投资力度非常大，中老关系愈发紧密。与此同时，中国积极推动实施对老挝的优惠贸易政策。在 WTO 框架下，中国积极履行对最不发达国家减税，从 2006 年起对老挝大部分商品实现零关税政策优惠中，在国东盟贸易合作背景下，对老挝等国家的贸易政策优惠进一步增强。

由于中国老挝之间的近邻关系，民间交往极为频繁，民间交流已成为双边贸易的重要基础。当前，边境贸易成为中老贸易的重要抓手，云南和老挝贸易合作具有天然的地理位置优势，在云南边境只需办理简单的通行证即可自由地在老挝北部三个省来往，

边境贸易合作极为方便。[1] 老挝人民民主党和政府积极鼓励本国与中国，特别是与云南省的广泛合作，老挝与云南建有“滇老合作机制”，双方已开展包括贸易在内的一系列务实合作。“一带一路”倡议下，老挝和云南之前开展了一系列贸易促进活动，诸多务实合作机制正在推进中。除了云南省与老挝北部地区活跃的边境贸易外，湖南等省份与老挝开展贸易的现象亦较为频繁。老挝的中国人群体中，湖南人比重最高。目前湖南人已深入到老挝的每一个村庄，比如13号公路沿线，几乎每个乡镇都有湖南人开设的店铺。

（二）老挝对中国贸易长期赤字，近年来中老贸易平衡迹象渐显

受到贸易产品结构的影响，老挝对中国贸易长期保持逆差，但随着中国对老挝投资的迅速增长和老挝国内基础设施条件的改善，从老挝运往国内的商品增速迅猛，中老贸易平衡关系也逐步改变。从2015年起，中老贸易达到平衡，老挝对华甚至保持出超地位。2016年，中老进出口总额为23.4亿美元，其中中方出口9.9亿美元，进口13.5亿美元，中国已成为老挝第二大贸易伙伴。[2]

老挝出口中国商品主要以初级产品为主，出口额位列前五位的商品分别是木制品、矿产品、铜及其制品、肥料和橡胶，出口额分别达到4.80亿、3.86亿、1.52、0.94亿和0.71亿美元。中国对老挝出口主要以机电产品等具有一定技术集成度的产品为主，2015年中国对老挝出口额前5位的产品分别是电子、机械、航空

---

① 赵丽芳：《CAFTA背景下中国与老挝贸易发展状况分析》，载《国际商贸》，2015年第11期。

② 驻老挝经商参处：《“一带一路”为中老经贸合作提供动力》，2017年5月11日，http://www.mofcom.gov.cn/article/i/jyjl/j/201705/20170502573193.shtml。

器、航天器及其零件，车辆及其零件和钢铁制品，累计出口总额达9.41亿美元，占中国对老挝出口商品总额的77.8%。[①] 短期内中老贸易结构将一定程度上延续当前发展势头，中国主要从老挝进口初级产品，向老挝出口机电等工业产品。

随着老挝工业化进程加快以及中国企业对老挝投资增长，未来中国对老挝出口商品将进一步增长，尤其中国的小汽车、其他多样化的机电产品等进入老挝市场将可能推动中老之间贸易失衡的进一步扩大。老挝对中国保持贸易赤字的同时，中国仍对老挝保持直接投资资本净输出，因而，整体上贸易赤字对中老贸易的持续增长并不构成账户平衡的挑战。与此同时，随着中国对老挝投资增长，中国老挝贸易均衡有望得到一定程度的缓解。越来越多的中国商人开始在老挝投资和经商，广泛深入到社会生产各领域。老挝人力资源成本低廉，相关中国投资企业在国内拥有销售网络，在老挝生产产品后再转运至内地销售。除了一般商品外，中国企业正尝试将老挝国内相关农产品转运至国内，因为老挝具有发展高端绿色农业的生产优势。此外，考虑到老挝自身贸易能力的不断增强，老挝在自身贸易赤字不断降低的背景下，将保持对其他国家和地区的贸易盈余，因而即便对中国等国家保持贸易赤字，但总体上贸易平衡趋向逐步改善，如图4.2所示。

考虑到与投资有关的承包工程领域被纳入到服务贸易范畴，同时，由于中国在老挝承包工程处于业务扩张阶段，中国对老挝服务贸易领域的顺差并未汇回，反而成为对老挝的投资积累和资金储备。这部分资金成为老挝重要的发展动力，仅2016年，中国对老挝工程承包合同额达67.1亿美元，相当于其GDP的一半（2016

① 《2015年1—12月中国—老挝重点产品进出口趋势分析》，2016年3月28日，http://customs.caexpo.com/data/country/2016/03/28/3659573.html。

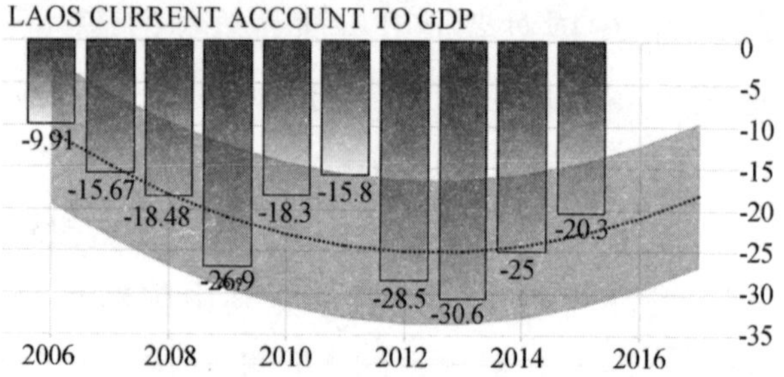

图 4.2　老挝经常账户平衡状况（2006—2016 年）

年老挝 GDP 为 137.6 亿美元），比 2015 年增长 30.1%。①

（三）随着国内基础设施和产业体系的完善，未来中老贸易增长前景广阔，中老贸易更可持续

老挝交通运输基础设施缺乏，严重制约老挝对外贸易增长，尤其是中国与老挝贸易增长。老挝地势复杂，交通不便利，如果借道越南或泰国，无疑将加大物流成本。此外，老挝在检验检疫、海关流通等环节能力不足，老挝出口中国商品受到的非关税壁垒更严峻。未来，随着老挝相关配套设施的改善，老挝出口能力将进一步提升，对外贸易平衡将进一步改善，出口贸易将成为其经济增长的重要引擎之一。

中老铁路将成为解决中老贸易基础设施瓶颈的重要突破口。中老铁路是两国重要合作项目之一，目前项目进展顺利，51 个隧道已经全面开工建设。② 预计铁路将于 2021 年建成，老挝为此将成

① 新华社：《2017 年老挝经济何以增速强劲?》2017 年 4 月 12 日，http：//www. sohu. com/a/131701113_ 227923。

② 驻老挝经商参赞：《中老铁路计划于 2021 年正式通车》，2017 年 6 月 1 日，http：//la. mofcom. gov. cn/article/zxhz/201706/20170602585696. shtml。

为中南半岛铁路的首发站。未来会有更多的商品借助铁路实现双向或多向流通，对老挝农产品和工业品外运起到很好的促进作用，并且将推动更多的贸易创造效应。

中老贸易失衡很大程度上可归因于老挝自身工业生产能力的不足。中老国际产能合作将有助于提升老挝的工业生产能力，最终改变贸易平衡状况。老挝拥有丰富的电力和水资源，目前相关水电项目正如火如荼地开展，未来将很快成为重要的出口创汇来源，老挝具有丰富的水力发电资源，是东南亚的“蓄电池”，但目前只有2%的功率得到开发，未来水电开发前景广阔；老挝矿产资源丰富，随着矿产品深加工产业的发展，未来老挝出口环节的增长值将显著提升，制成品比重提升将有助于改善中国与老挝之间的贸易平衡，同时亦将有助于降低贸易周转成本。云南铝业在老挝投资的年产100万吨氧化铝项目将是老挝基于本国自然资源禀赋基础上的产业链拓展的有效实践。铝业发展充分利用老挝丰富的水电资源，该项目将显著提升老挝在矿产下游产品开发甚至工业制成品方面的出口能力。与此同时，随着中国对老挝投资的进一步增强，投资的贸易创造效应还将进一步显现，在劳动密集型等行业的出口效应将逐步显现。比如，在中国投资推动下，老挝自身工业体系不断完善，不仅有助于提升出口能力，同时也将有助于减少自身对国际市场的依赖，改善贸易平衡。在基础设施建设相关的建材领域，本国生产能力的建立与完善，将有助于降低相关商品进口量。云南能投集团投资1.2亿美元的老挝吉象水泥厂产能相当于老挝水泥产量的20%，有助于缓解老挝大规模基础设施建设过程中产生的原材料需求。

此外，中国企业在旅游服务等领域加大投资，未来老挝在吸引中国国内客源及服务贸易创造方面的能力将进一步增强。以云南省相关企业在老挝投资为典型，目前相关企业在万象建设包括酒店、高尔夫球场和民族生态旅游区等项目，相关工程进展较快。这些项目将成为当地旅游服务业的重要增长点。老挝具有丰富的佛教资源和法国殖民文化遗存，具有深厚的旅游基础的文化底蕴。除旅游业等服务贸易外，中国资本还进入高端农业领域，将有助于更好地推动老挝绿色高端农作物产品的出口。老挝农业部正同中国相关企业开展一系列高端农业种植，以更好地满足中国市场的消费需求。

第五章
中国对老挝的援助

中国对老挝的援助可以追溯到20世纪50年代末60年代初。尽管20世纪70年代末到80年代中期，中老关系出现了波折，中国对老挝的援助曾出现过短暂的停滞，但是这并没有阻止中老关系朝着积极进取、全面合作的方向发展。20世纪90年代至今，中老关系进入全面发展和深化期，中国对老挝的援助也呈现出快速增长的趋势，并在2012年成为老挝最大的援助国。

一、老挝接受国际援助的情况

老挝是亚洲最不发达的国家之一，国际援助是老挝发展外部融资的主要来源。老挝接受援助的历史可以追溯到20世纪50年代法国的殖民时期以及美国以击败共产主义为目标的军事主导的援助。1955—1971年期间，美国是老挝的最大援助国，美国给予老挝的援助达7.7亿美元，占老挝总体接受援助的83.5%（见表5.1），从人均的角度而言超出了任何其他东南亚国家。随着法属印度支那的终结，美国极力阻止老挝成为共产主义国家。美国担心如果老挝变成共产主义国家，那么南越、泰国、缅甸都会如此。因此，美国当时的援助旨在防止万象跌入共产党之手，那时的援助很少用于提高老挝人民的生计，更多的则是用到开展“秘密的战争①”上。

表 5.1　1955—1971 年老挝的主要援助方

援助方	金额（US $ Million）	所占比例（%）
美国	770.1	83.5
法国	67.5	7.3
英国	33.9	3.6
日本	24.5	2.7
澳大利亚	10.5	1.1
联合国	10.2	1.1
其他	8.5	0.7
总计	925.0	100

数据来源：Francois Guegan（2005）“*Historical perspectives on development assistance to the Lao PDR*”，University of Rennes2，France.

随着老挝人民民主共和国于 1975 年成立，苏联、越南开始向老挝提供援助，苏联取代美国成为老挝的主要援助国。根据经合组织的统计，从 1975 年到 1985 年，苏联对老挝的援助占 50% 以上。到 20 世纪 80 年代中期，苏联派遣了超过 1500 名专家在老挝工作，为老挝提供军事技术援助，并帮助起草了老挝第一个五年发展规划（1981—1985）。这一时期，老挝接受援助的资金多达

① 即 1953—1975 年的老挝内战，这场战争发生在苏联支持的共产主义的 Pathet Lao 和美国支持的老挝皇家政府之间。

11.6亿美元（见表5.2）。其中，苏联提供了50多个援助项目，并培训了上百名老挝学生和技术人员①。1977年，老挝和越南签订《老越友好合作协定》，允许越南在老挝驻军。老挝党员干部也在越南接受意识形态方面的培训，越南的技术人员也为老挝的经济项目提供支持②。

表5.2 1975—1985年老挝主要援助方

援助方	金额（百万美元）	所占比例（%）
苏联	547	47.11
越南	133	11.45
联合国机构	105.01	9.04
瑞典	85.11	7.33
日本	50.27	4.33
荷兰	37.57	3.24
世界银行	31.11	2.68
亚洲开发银行	24.21	2.09
澳大利亚	21.85	1.88
联邦德国	21.28	1.83
国际货币基金组织	16.23	1.4
美国	14	1.21
石油输出国组织	9.17	0.79
波兰	9.02	0.78
法国	7.42	0.64
EEC	5.82	0.5
其他经合组织国家	11.46	0.98

① Martin Stuart-Fox, *Historical Dictionary of Laos*, The Scarecrow Press, Inc. 2008, p. 175.

② Martin Stuart-Fox, *Historical Dictionary of Laos*, The Scarecrow Press, Inc. 2008, p. 175.

续表

援助方	金额（百万美元）	所占比例（%）
其他非经合组织国家	31.55	2.72
总计	1161.08	100

资料来源：www.aidflows.org；表格作者自制。

1986年后，为了促进社会经济发展，老挝开始实施市场经济制度，发展援助开始发挥重要作用。1990年以前，老挝每年接受的发展援助委员会成员国和国际组织的援助约为5000万美元。1992年前后，大约90%的官方援助都来源于经合组织发展援助委员会（DAC）成员国，但到90年代后期已降至60%—70%左右。DAC成员国中，老挝目前的主要援助国包括日本、澳大利亚、韩国、德国等。1986—2002年间，日本一直是老挝最大的双边援助国，占老挝所有援助额的40%以上，接下来的主要援助国包括瑞典（11%）、澳大利亚（8%）、德国（8%）和法国（6%）。冷战结束后，美国对老挝的双边援助大幅度减少，在1986—2003年期间，只占3%左右。苏联也因其于1991年解体而停止了对老挝的援助。

表5.3　2013年老挝前十大双边援助国（OECD-DAC成员）

序号	国家	援助金额（百万美元）
1	日本	75.96
2	澳大利亚	49.22
3	泰国①	34.72
4	韩国	27.07
5	德国	25.84

① 泰国虽不是经合组织发展援助委员会的成员，但开始向其报告对外援助数据。

续表

序号	国家	援助金额（百万美元）
6	瑞士	24.55
7	卢森堡	17.76
8	法国	16.93
9	美国	9.34
10	芬兰	7.6

资料来源：www.aidflows.org，表格作者自制。

2003 年，老挝接受发展援助委员会成员国的援助达到 3.95 亿美元，2008 年更是超过了 5 亿美元，2013 年回归至 4.2 亿美元（见图 5.1）。总体而言，由于老挝经济的快速发展，官方发展援助占老挝国民生产总值的比例正在不断下降，从 2002 年的 16% 下降至 2013 年的 4%（图 5.2）。因此，老挝目前已经摆脱了“援助依赖国”的状况。同时，国际非政府组织在老挝也渐趋活跃，数量从 1975 年的零开始上升到 2009 年的 160 多家。这些民间组织每年提供大约 3500 万美元的援助，主要集中于教育、公共卫生、环境保护、社区与农村发展、救灾、清理未爆炸弹药等。

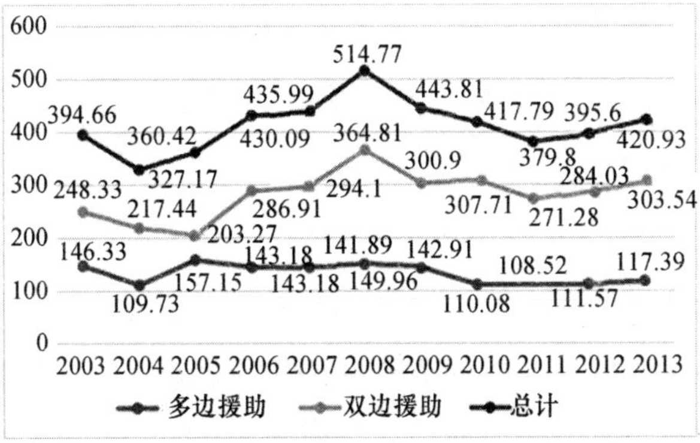

图 5.1　2003—2013 年老挝接受多双边援助情况（单位：百万美元）

资料来源：www.aidflows.org，图表为作者自制。

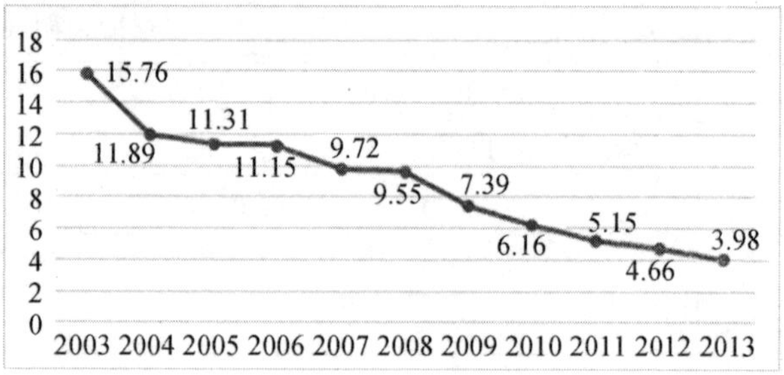

图 5.2　2003—2013 年老挝接受援助占国民生产总值的比例

资料来源：www. aidflows. org，图表为作者自制。

从老挝接受国际援助的历史情况看，有两个比较突出的特点：第一，大国在老挝接受援助的历程中发挥主导性的作用。20 世纪 70 年代之前，美国是最大的援助国，80 年代之后，苏联成为老挝最大的援助国，90 年代之后日本成为老挝最大的援助国。大国主导对老挝的援助格局反映了小国发展中的被动性一面，也反映出老挝在地缘战略和政治中的重要地位。第二，老挝接受援助正在从双边为主走向更为多元化的国际援助。目前国际组织、非政府组织、多边援助合作对老挝的援助也呈现上升趋势。

二、中国对老挝援助的发展

根据不同时期的特点，中国对老挝援助的发展大概可分为三个阶段：一是新中国成立后到 20 世纪 70 年代末，中国的援助主要以支持老挝反殖民统治和争取独立与中立为重点；二是 20 世纪 70 年代末至 80 年代中期，由于双边关系恶化，中国中断了对老挝的援助；三是 20 世纪 80 年代末至今，中老关系开始恢复并全面深化，中国对老挝的援助坚持睦邻、安邻、富邻的方针，以互利合作和共赢为特点，开始稳步增长，并在2012年成为老挝最大的援助国（见图5.3），中国对老挝的援助项目和方式也呈现多元化的特点。

（一）第一阶段：新中国成立后到20世纪70年代末（1954—1978年）

这一阶段，中老两国关系发展迅速，中国政府和人民对老挝的反殖民统治和老挝的独立提供了巨大的支持。中国从20世纪50年代中期即开始对老挝提供经济援助，对老挝的国家独立和民族建设发挥了重要的作用。上世纪60年代初期，中国的援助主要以帮助老挝修建公路为主，用于打通中国边境的云南省至老挝的芒新、南塔和丰沙里的通道。1971年，上千名中国工人被派往老挝，进行公路建设，支持老挝人民的独立事业。到1973年，超过2万名中国工人在老挝工作，协助修建、维护公路和桥梁，支援老挝经济建设。1974年，中国宣布对老挝的联盟政府提供总计2500万美元的援助。1975年，老挝共产党统一全国，中国承诺向老挝提供更多的援助，包括修建琅勃拉邦的公路、房屋、会议厅以及医院等。中国政府也向老挝政府提供了资金用于购买中国商品和泰国大米等。1975年6月，老挝政府宣布与中国达成协议，由中国再次提供2000万美元支持道路建设，800万美元用于购买物资等。1977年，根据有关报道，中国向老挝的共产党政府提供了500万到2000万美元不等的援助，包括水利工程、印刷厂建设等。中国也为老挝学生来中国学习提供了技术培训和奖学金。中国工程师同时为连接中老的公路建设提供了技术支持。

据不完全统计，1959—1975年间，中国总计提供了超过9.65亿元人民币的资金援助，包括866亿元人民币的赠款和9900万元人民币的无息贷款等。在此期间，中国开工建设的项目多达38个，并完成了29个。援助主要集中于道路和桥梁建设，援助方式主要以"设计—建设—交付"为主。

（二）第二阶段：20世纪70年代末到80年代中期（1978—1986年）

20世纪70年代末到80年代中期，由于老挝政府支持越南入侵和占领柬埔寨，导致中老关系紧张甚至敌对。1977年6月，老挝和越南签订了为期25年的友好条约，确定了两国之间特殊的战友和兄弟关系，这种特殊关系深深影响着70年代末以来老挝的对华政策。1978年，越南入侵柬埔寨，中越关系因此恶化，老挝站在越南一边一起反对中国。1979年2月，中国对越开展自卫反击战，老挝公开发表反华声明，指责中国"侵犯越南"，并相继在多方面采取了不友好政策，宣布停建由中国承担的援建项目，要求中国撤出驻老的所有技术专家和工人，中国对老挝的援助也因此中断[①]。

（三）第三阶段：20世纪80年代末至今（1987年至今）

20世纪80年代末90年代早期，中老关系开始恢复，中国对老挝的援助进入快速发展和增长的阶段。特别是2000年以后，随着中国国家主席江泽民访问老挝，这也是中国国家元首第一次到访，中国开始为老挝提供更多和更为多元化的援助。

据估计，1988—2000年间，中国对老挝的援助约为6亿元人民币，不到老挝所有接受援助金额的2%。其中，经济技术援助约

---

① 郝勇等编著：《老挝概论》，中国出版集团，2012年版，第310—311页。

4.3 亿元人民币，无偿赠款约为 1.16 亿元，无息贷款约为 1.1 亿元。2001—2004 年间，中国对老挝提供的资金援助达近 12 亿元人民币，包括 4 亿元人民币的赠款、2.3 亿元人民币的无息贷款和 5 亿元人民币的优惠贷款等。从 2003 年开始，云南省政府开始积极协助老挝政府制定北部发展规划，包括派出专家，并在昆明培训老挝官员等。2003 年，中国援建的琅勃拉邦中老友谊医院建成，中国政府同时为老挝疏浚整治湄公航道提供了 500 万美元和 50 万元人民币的援助。同年 6 月，中国政府宣布免除老挝到期债务 4920 万元人民币[①]。2004 年，中国与老挝政府达成协议，免除老挝部分产品出口中国的关税。2005—2006 年，中国向老挝提供的援助资金约为 7.6 亿元人民币，包括 1 亿元人民币的赠款、1 亿元人民币的无息贷款以及 5.6 亿元人民币的优惠贷款等。

根据一份中老经济技术委员会的报告，2000—2008 年期间，中国对老挝的援助达到了 21—29 亿元人民币，中国并向老挝的基础设施建设提供了 2.3 亿美元的优惠贷款[②]。中国也从 1991 年开始向老挝提供奖学金项目，到 2008 年，中国总共给予了 55 个奖学金名额，中国也向老挝政府、政党和军事官员提供了管理和培训课程。同时，中国也向老挝派遣了技术援助人员和志愿者，在老挝教授信息技术和语言以及开展医疗服务等[③]。

2010 年，时任国家副主席习近平访问老挝，中国同意援助老挝建设两座跨湄公河大桥，并为其中的一座桥梁提供了 5000 万美

① Martin Stuart-Fox, "Laos: the Chinese Connection," Daljit Singh (ed.), *Southeast Asian Affairs* 2009, Institute of Southeast Asian Studies, p. 146.

② Zhu Zhenming, China's Economic Aid to CLMV and its Economic Cooperation with them, in KAGAMI MItsuhiro eds. *A China-Japan Comparison of Economic Relationships with the Mekong River Basin Countries*, BRC Research Report, 2009.

③ Martin Stuart-Fox, "Laos: the Chinese Connection," in Daljit Singh eds., *Southeast Asian Affairs* 2009, Institute of Southeast Asian Studies, p. 146.

元贷款，以打通云南省到泰国的陆路交通建设。2011 年 11 月，中老双方同意就减贫、经济发展、贸易以及农业等开展更加紧密的合作，承诺建设 70 亿美元的高铁线路①。同年，中国教育部正式发文同意苏州大学在老挝设立老挝苏州大学，这是中国在海外建立的第一所高校。2013 年，中老签署协议，中国承诺提供 1 亿元人民币的经济技术援助，用于建设国际会议中心和修复 13 号公路②。中国同时同意赠予两架 MA60 飞机以及 20 万美元支持老挝防御登革热等疾病。

尽管中国对老挝的经济援助金额难以准确估计，但毋庸置疑的是中国向老挝的经济发展提供了大量的无偿援助、无息贷款、优惠贷款等。有报道现实，中国在 2001—2002 年间已成为老挝的第二大援助国。2002—2012 年间，中国向老挝提供了总计约 2.6 亿美元的赠款和无息贷款，开展了至少 44 个项目，涉及卫生、教育、人力资源开发、农业以及物资等。同期，中国向老挝提供的优惠贷款总额约 1.1 亿美元，开展了 11 个项目，主要集中于基础设施领域，包括路桥建设和灌溉等。中国贷款的利率通常处于 2% 和 3% 之间。2014 年，中国承诺给予老挝 4900 万美元的无偿援助和 3260 万美元的无息贷款。据老挝计划投资部数据显示，2013—2014 财年中国对老挝官方发展援助（ODA）金额达 1.87 亿美元，已连续两年成为对老挝最大的援助国③。

需要注意的是，英国海外发展研究所的一份报告显示，虽然中国对老挝的援助在不断增长，且从 2012 年开始已成为老挝的最大

---

① John F. Copper, China's Foreign Aid and Investment Diplomacy: History and Practice in Asia, 1950-Present, vol. II, Palgrave Macmillan.

② Vientiane Times, "China woos Laos with grants, aid", 1 November, 2013, www.nationmultimedia.com/aec/China-woos-Laos-with-grants-aid-30218459.html.

③ 该财年对老挝援助位居前 5 位国家分别为中国、日本（9779 万美元）、澳大利亚（4752 万美元）、泰国（3985 万美元）和越南（2829 万美元）。

援助国，但中国援助中的赠款援助金额并不大，例如，2011 年到 2012 年，援助赠款金额分别为 2500 万美元和 4200 万美元（Mustapha & Greenhill 2016）[①]。

三、中国对老挝援助的特点

中国对老挝援助在促进当地经济和社会发展方面成效显著，并具有以下三个方面的特点。

（一）兼顾全面的同时，注重基础设施援助

中国对老挝的援助几乎涉及中国援外的所有 8 类项目，包括成套项目、一般物资、技术合作、人力资源开发合作、援外医疗队、紧急人道主义援助、援外志愿者和债务减免[②]，其中成套项目等“硬”援助是最主要的援助方式。

中国对老挝的援助以交通基础设施为主，这也是中国对外援助的传统重点领域。中国对老挝的基础设施援助主要集中于交通、水电、电信、公共设施、教育、卫生以及农业等领域，其中又以经济和社会公共基础设施项目为主，集中于公路建设、会议中心建设和水利灌溉等。中国不仅协助老挝北部省份修建机场，并投资帮助建设锡矿、电力、道路以及其他原来没有完成的项目。中国还于 1990—1991 年援助老挝建设了地面卫星接收中心。1997

① Mustapha, S. and Greenhill, “Age of Choice: Lao People’s Democratic Republic in the New Development Finance Landscape”, Overseas Development Institute, London, 2016.

② 国务院新闻办公室：《中国的对外援助（2011 版）》，2011 年 4 月 21 日，http://www.scio.gov.cn/zfbps/ndhf/2011/Document/896983/896983_3.htm。

年，中国提议并与东盟和亚洲开发银行签署协定，建设一条从新加坡至昆明的“泛亚洲”铁路，并在万象市中心建设了一座大型的文化休闲广场。2006 年，中国国家主席胡锦涛访问老挝期间，向老挝承诺援助 2 亿美元，并为建设第三座湄公大桥（HuaySay-SiengKong）提供 50% 的技术援助。2008 年，温家宝总理访老期间承诺向老挝提供 1 亿美元贷款，用于支持电信项目、运输线路以及交通基础设施建设等。2010 年，时任国家副主席习近平访问老挝，中国同意援助老挝建设两座跨湄公河大桥，并为其中的一座桥梁提供了 5000 万美元贷款，以打通云南省到泰国的陆路交通建设。2011 年 11 月，中老双方同意就减贫、经济发展、贸易以及农业等开展更加紧密的合作，承诺建设 70 亿美元的高铁线路①。2013 年，中老签署协议，中国承诺提供 1 亿元人民币的经济技术援助，用于建设国际会议中心和修复 13 号公路②。仅 2013—2015 年间，中国援助的经济基础设施项目就包括老挝曼昆公路跨湄公河大桥项目、老挝北 13 号公路孟塞—巴蒙段公路修复项目、谢沙拉龙灌溉项目、纳堆—巴蒙公路北段修复项目等；社会公共基础设施建设则包括老挝国家文化中心更新维修项目、建国阵线培训中心项目、国际会议中心项目等。

中国援助多采取赠款与优惠贷款相结合的形式，特别是基础设施领域的发展援助更是如此。这种“授人以鱼”和“授人以渔”相结合的援助模式，可以最大限度地调动发展资源，是解决老挝经济发展资金瓶颈和提升能力建设的有效办法。例如，中国利用援助资金为老挝建设了昆曼公路跨湄公河大桥项目，项目于 2013 年底正式开通，有力促进了中老两国互联互通。此外，中国政府

---

① John F. Copper, “China's Foreign Aid and Investment Diplomacy: History and Practice in Asia: 1950-Present”, vol. II, Palgrave Macmillan.

② Vientiane Times, “China woos Laos with grants, aid”, 1 November, 2013.

为老挝纳堆—巴蒙北段公路修复提供了1577万美元的赠款和1470万美元的贷款，该项目于2011年12月开工，2013年完成。该条高速公路通过3号亚洲高速公路往北连接至昆明，往南到达泰国边境，在促进老挝实现境内南北经济走廊联通的同时，促进了机会共享以及市场和商品贸易的便利化，带动了当地经济社会的快速发展，并为当地民众的就业和收入带来了实实在在的好处。

中国还通过与多方合作的方式对老挝的基础设施建设提供援助。2001年，中国联合泰国、亚洲开发银行，对360千米长的第三号国家公路进行了修复，并于2008年竣工。中国也在乌多姆赛省开展了大型道路项目建设，并为大湄公“信息高速公路”建设提供了资金支持。中国建筑公司也大量参与了世行、亚行等多边机构援助老挝的道路建设。

（二）以老挝需求为导向，减贫效果显著

中国援老项目以老挝需求为主导，与老挝本国发展战略具有高度一致性，促进了老挝的经济社会发展，减贫效果明显。

老挝的国家发展目标是减少贫困，并尽快从最不发达国家中毕业。尽管老挝目前的经济增长率达到7%左右，但老挝的经济增长主要集中于类似小水电等就业雇佣率较低的行业。老挝政府因此希望通过工业化实现减贫，认为老挝国家的基础设施发展将对其工业化的成功实现至关重要，是其突破地理环境限制、实现“陆锁国（landlocked）”向“陆联国（land-linked）”转变的重要手段。老挝每年新增就业人口90000多人，因此，创造充分的就业机会也是老挝政府的一项重要目标。

以老挝发展需求为导向是中国提供援助的一个重要原则，这类援助不仅满足了老挝经济发展的急需产业，也为老挝的就业和经

济发展起到了切实的推动作用。例如，中国1992—1994年援建的Vang Vieng2号水泥厂为老挝首次在国内实现了水泥的生产。该水泥厂由中国云南国际技术经济合作公司和老挝农工业发展企业共同投资建设，不但为当地创造了就业岗位，满足了当时老挝国内的水泥需求，还销往了国外市场，为老挝节省了大量外汇的同时也赚取了外汇，为老挝的经济社会发展做出了巨大贡献。

中国援助以老挝的需求为导向，其中很重要的一部分是对民生项目的关注，切实改善当地人的生活。例如，由广东水电三局承建的万象省南梦三水利灌溉项目一期工程2013年竣工，水库总库容达1087万立方米，灌溉面积达到2040公顷，二期工程有望灌溉面积达到8000公顷，该工程是中国政府援建的第一个灌溉项目，堪称样板。南梦三水库以农田灌溉为主，实际发挥了防洪、灌溉、旅游三个方面的综合效益。中国援助的水利系统把水引到了家门口，单季稻变成了双季稻，家家户户还种上了蔬菜等经济作物，养起了鸡鸭、猪羊，卖到万象市场，受益地区的农民收入已经翻了一番，人均年收入从960美元提高到1700美元。根据中老两国政府的经济技术合作协议，目前中国在老挝投资和计划投资建设的水利灌溉工程总额近3亿美元，灌溉面积可达近万公顷。

在就业方面，2014年中国在老挝开展了促进就业服务南南合作项目，通过专家咨询、组织培训和政策对话等活动，与老挝分享中国促进就业和开展就业服务的经验和做法，加强老挝就业服务机构的能力建设，提升就业服务质量，减少失业和贫困现象。2016年，中国还在老挝开展了铁路技术海外培训班。该项目既是中国政府在老挝举办的首个培训班，也是老挝国内举办的首个关于铁路技术的培训班，更是2015年中国政府在海外举办的首个与“一带一路”战略密切相关的援外培训项目，中老双方各部门都非常重视。该培训班在推动老挝铁路建设和人才培养方面具有重要意义，将极大地促进中老双方在铁路方面的合作，为老挝经济发展和就业创造起到了积极促进作用。

中老双边教育合作也成果丰硕，中国给予老挝的奖学金项目也在逐年增加。2000 年以来，超过 1000 名老挝学生受到奖学金项目的支持，在中国学习，并回到老挝国内，对老挝的经济社会发展做出了重要贡献。2000 年，中国向老挝提供的奖学金项目为 55 个，2010 年达到 258 个，2000—2010 年间总共提供了 1196 个奖学金名额，仅次于越南①。老挝学生在中国各种学校接受教育和培训，包括北京大学、复旦大学、人民大学等，既有攻读博士、硕士和学士学位，也有接受金融、市场营销、工商管理、商业等专业领域的短期培训。可以说，从医疗卫生、基础设施到社会文化领域，中国援助项目基本涵盖了老挝人民生活的方方面面。

此外，在技术援助领域，中国为老挝提供了一系列发展支持。在农业领域，中国帮助老挝改善水利基础设施条件、提高农业生产技术和生产水平、扩大农产品深加工、开展植物病虫害防治技术合作、发展北部替代经济种植等；在资源领域，中老两国加强钾盐、铜矿、锡矿等领域的开采技术合作，帮助老挝培养相关领域的技术人员；在能源领域，中国企业帮助老挝进行水电项目、电网、煤资源开发、新能源和可再生能源的技术开发和利用。此外，中国还与老挝在广播电视、卫星通信等领域加强技术合作。

（三）急老挝人民之所急，为老挝提供了大量的紧急援助

患难之交见真情，中国非常注重对方危机时刻的紧急援助。比

① 2000—2010 年，越南总计向老挝提供 4898 名奖学金，远远超过了中国、泰国（1125 名）、日本（615 名）和澳大利亚（463 名）。

如，1997 年亚洲金融危机期间，中国为老挝提供了一揽子金融援助，其中包括十分慷慨的出口补贴和优惠贷款，有力地稳定了吉普的价值，并阻止了新一轮更为严重的金融危机，为老挝经济稳定发展做出了重要贡献。2012 年老挝遭遇严重水灾，中国利用援款为老挝受灾地区捐赠了生活物资，对受灾地区灾后重建工作发挥了重要作用。2013 年，老挝登革热疫情爆发，中国采用紧急外汇援助的方式向老挝政府提供登革热疫病防治工作资金，帮助老挝政府成功完成疫病防控和救治工作。2016 年，为帮助老挝应对 2015 年老北爆发的蝗虫灾害，中国向老挝提供紧急物资项目，包括自走式喷雾机、背负式动力喷雾机、防护服、防护口罩、防护手套、溴氰菊酯乳油等物资，同时还为老方提供灭蝗虫技术培训。此外，为满足老挝召开国际大型会议的紧急需求，中国利用无偿援助为老挝建设了国际会议中心，项目于 2011 年 9 月竣工，同年 11 月正式移交老方，帮助老挝政府顺利举办了第 9 届亚欧首脑会议，得到社会各界广泛好评。

四、中国对老挝援助的社会评价

从老挝政府的层面来看，对于中国援助的评价是非常高的。“总的来说，中国对老挝的社会文化、经济、医疗等方面帮助都极大，这些援助对帮助老挝人民摆脱贫困生活有很大帮助，老挝百姓们对此也非常感恩。我们也希望能像中国一样走向繁荣和富强，希望中国能继续援助老挝并为老挝的发展提供必要帮助，使老挝作为中国的传统友好邻邦能共享中国经济发展的成果，使两国关系成为其他双边友好关系的典范。”老挝老中友协秘书长西昆·本伟莱曾如是评价[1]。“老挝是欠发达国家，中国给我们的援助最多，对当地的发展也是最好的。中国企业的项目非常符合老挝国情，促进了经济发展，感谢中国！”老挝农林部水利司副司长拉沙翁也曾对《人民日报》的记者如此表示[2]。到目前为止，中国援助在老挝政府层面的评价是最高的，其重要原因在于中国的援助符合老挝的发展需要，且中国援建的医院、道路、学校、体育设施、会议场所等都在较短的时间得以交付。

老挝的知识界和智库层面也非常欢迎中国的援助，并不认为中国的援助是一种威胁，认为中国的援助和发展模式提供了不同于西方的第三条道路。老挝过去向苏联寻求帮助和发展经验，但是失败了。因此，老挝政府后来开始向传统援助方寻求意见和建议，但是近年来发生的全球金融危机促使老挝政府开始怀疑西方的经济政策，认为世界上并不存在“一刀切”的发展模式。中国的崛起以及中国不同的援助方式可以减少老挝对西方发展模式的依赖，老挝可以从中国的发展经验中吸取有价值的营养。来自中国的经济援助和技术支持在老挝产生了实实在在的效果，给老挝人民留下了深刻印象，也对中老两国友好关系起到了非常重要的促进作用。

老挝民众对中国援助项目的评价也相当积极，这一点在直接受益的当地百姓中最为明显。例如，从老挝北部重要枢纽乌多姆赛到中老边境城镇那堆的公路，全长78.8公里，是中国政府无偿援助、中国云南阳光道桥股份有限公司承建的，被当地人称为“致富路”。那堆至乌多姆赛公路施工期间，公司先后雇佣了近500名

---

① 新华网，《综述：中国援助为老挝民众带来实惠》，2014年8月26日，http：//news.xinhuanet.com/world/2014—08/26/c_ 1112231777.htm 。

② 《中国兄弟让我们的生活变了样》，《人民日报》，2014年11月25日，http：//world.people.com.cn/n/2014/1125/c1002—26085622.html。

老挝工人参加水沟、涵洞构造物支砌、水泥混凝土浇筑等施工工艺培训和工程施工。老挝工人的日工资也由施工前的3万老挝币增加到8万老挝币，是当地平均工资的两倍多。不少参与建设公路的老挝工人说，“跟着中国公司做事，不但可以按时领到钱，还能学到施工技术，以后谋生更容易。”[①] 公路建成以后，也促使当地从事运输的人得以快速致富。此外，与老百姓的生活直接关联的项目获得了非常多的赞誉，比如前文提到的琅勃拉邦的中国医院，老挝人都是有口皆碑的称赞。

虽然积极的评价占据主流，但是本课题在调研中也发现以下几个方面的问题：

（一）大型基础设施项目援助因为涉及土地征收和人员安置等社会问题，比较容易引起老挝当地民众的不满情绪

由于大型基础设施项目建设涉及土地征收和转移安置等社会问题，比较容易引起当地民众的不满。正如前文分析，土地和动拆迁的人员安置问题并非中国方面的工作没有做好，很多情况是老挝方面的原因，比如转移安置费用没有及时足额发放等。在老挝民众看来，凡是中国政府的援助项目或者参与的项目，责任就在中国，这种看法虽然偏颇，但是具有相当的普遍性。例如有报道指出，中国的基础设施项目要价过高，新的交通网络会带来更多的毒品贸易以及疾病等[②]。实际上，相比于西方国家的援助，中国在基础设施领域的援助一向以成本低廉和高效著称，所谓要价过高有抹黑中国的嫌疑。在基础设施建设方面，影响建设

① 《感谢中国帮我们修建致富路》，载《人民日报》（海外版），2013年9月10日，http://money.163.com/13/0910/03/98CMK9JA00253B0H.html。

② Carlyle A. Thayer, “China's Relations with Laos and Cambodia”, in *China's International and External Relations and Lessons for Korea and Asia*, 2017, p. 217.

成本高低的主要因素是建设周期，缩短工期可以有效降低成本，中国援建基础设施项目存在用中国国内工人的情况，客观原因是老挝建筑方面的技术工人资源有限。另外，关于更便捷的交通是否会造成毒品交易、疾病传播和人口买卖，课题组在老挝调研时，老挝也有学者提出了相关问题和担忧。交通除了带来便捷的生活，也的确会产生新的社会安全问题，但是如果因噎废食也是对老挝国家发展不利。值得关注的是，这些问题对老挝政府的治理水平提出了更高的要求，中国和老挝应该加强在社会安全治理方面的合作和经验分享，帮助老挝提高国家治理能力建设。

（二）替代种植面临经济作物种植周期、相关配套投资规模大等问题的影响，与罂粟种植相比快速减贫效果有限，需要长期坚持，这种情况下部分老挝农民存在不满。

替代种植是指中国和包括老挝在内的“金三角”地区国家为解决毒品问题，以经济作物替代罂粟毒品种植。从20世纪90年代初开始，中国政府和企业就开始提供大量的技术支援力量，帮助金三角地区发展替代种植，昔日的40万亩罂粟花海已变成稻田和橡胶园。联合国毒品和犯罪事务办公室称，这项“金三角”绿色禁毒工程，是“全球禁毒史上的创举”。中国企业在老挝替代种植方面的投资经常采取“2+3”模式，由农民贡献土地和劳动力，投资者提供资金、技术和销售渠道。这种模式下，老挝农户高度依赖中国投资者的生产和销售网络，比较容易滋生不满情绪。橡胶生产更是如此，橡胶的成熟期大概需要7—8年，部分农民在等待成熟期的过程中无法解决眼前的贫困难题，感觉不如罂粟种植来钱快，难免心生抱怨。

从老挝政府来看，还是对替代种植高度重视和肯定的。老挝国家主席朱马里·赛雅颂、副总理宋沙瓦·凌沙瓦等在视察丰沙里省时，专程考察了在当地开展咖啡种植项目的中国替代种植企业云南昌胜达咖啡种植与烘焙独资公司。老挝国家领导人详细询问了“18 万亩咖啡种植项目”进展程度、产品研发情况。朱马里主席对云南企业家说：“老挝的发展需要你们这些企业家，你们开展的替代种植项目在丰沙里省覆盖了 6 个县，规模大、社会影响面广。这些产品的原料（咖啡豆）均产自丰沙里罂粟替代种植区，是替代种植项目的成果，也是中老两国人民友好合作的成果。”他表示老挝政府各级部门将积极支持云南企业在老挝开展替代种植项目。[1] 该项目的开展解决了区域内 126 个村寨，近 3 万人的就业和生活问题，并为当地替代种植区免费修 100 余公里公路，项目开展成效也引起了国际禁毒组织、中国国际扶贫中心、中国农业部的重视与关注。

本书作者与当地多双边国际发展机构座谈

① 《老挝考察云南省替代种植企业》，中华人民共和国商务部网站，2015 年 1 月 4 日，http：//www. mofcom. gov. cn/article/resume/n/201501/20150100855981. shtml。

（三）援助加优惠贷款的模式虽然能够有效动员更多的发展资源，但是也增加了老挝对于债务负担上升的忧虑

老挝对债务规模加大引发融资成本上升的担忧明显加剧。尽管老挝境内基础设施尤其是道路建设滞后，加之内陆国家的不利位置，加快交通运输能力建设并成为陆路联通国家是老发展国策，但是老对于债务规模加大引发融资成本上升的担忧明显加剧。由于中国支持的公路、铁路建设大多以优惠贷款形式，这也增加了老挝政府和民众对中国援助的担忧和顾虑。中老铁路的修建就是最为典型的一个案例，中国和老挝共同出资建立合资公司，此举虽然消除了老挝担心中国独自掌控铁路建设的忧虑，但是却增加了老挝的融资和借债压力。老挝担心因为借债过高，导致老挝融资成本上升。此外，铁路建设需要更多的人力资源参与运营，需要更多的产品通过铁路运输和卖给国际市场，但是老挝目前在这两个方面都不具备优势。因此，老挝担心自己最后不仅没有成为“陆联国”，而只是成为一个“路过国”。

实际上，针对老挝铁路技术人力资源有限问题，中国政府已经开展了相关的援助培训工作。2016 年 9 月 12 日，由中国商务部主办、西南交通大学和商务部国际商务官员研修学院联合承办的“2016 年老挝铁路技术海外培训班”在老挝首都万象开班，为期 30 天，共有来自老挝公共工程与交通运输系统的 30 名官员和技术人员参加。中国同时还帮助老挝培养高铁技术人才，2016 年 10 月 24 日被誉为“高铁驾校”的武汉高铁训练段[①]，首次迎来了 22 名老挝铁路学员，这批学员全部是老挝铁路高管人员，回国后将服

① 武汉高铁训练段是中国唯一以实作培训为重点的高铁主要行车工种准入培训机构。

务于正在建设的中老铁路。培训采取集中授课、现场教学、实际操作和沟通交流等教学方式，课程涵盖了通信、供电、工务、司机、机械师、调度员等工种和影像观摩等内容。老挝公共工程与运输部培训中心副主任通占·科玛尼翁表示，老挝铁路人才短缺，此次培训将大大提升该国铁路管理水平。首批高管人员培训结束后，将会组织更多技术人员来武汉学习。

（四）中国援助透明度有赖提高依然是一个受到关注的问题

中国已经是老挝的最大援助国，但是老挝当地的民众、民间组织和国际机构对此却表示知之甚少。最为集中的一个意见是，中国很少参与当地的多、双边援助对话机制，沟通交流非常有限。因此，包括日本国际协力机构（JICA）在内的国际援助机构表示，老挝当地和其他国际援助机构对中国的援助活动存在疑虑和担忧，不清楚中国的援助考虑，这一问题长期没有改善，影响到相互了解和理解。老挝当地有些国际机构和社会组织甚至认为，中国援助老挝的主要目的是为了获得当地的自然资源。透明度不高的另外一个问题是数据获得，普遍的一个看法是中国对援助老挝的信息公开不够。例如，中国政府提供的奖学金，老挝民众认为多是高官显贵的子女才有机会获得，普通民众获得的机会有限，非常希望中国能够加强对老挝奖学金获得者选拔的监管，增强透明度。尽管以上观点有些偏颇，比如调查组在万象调研期间就发现当地英文媒体有刊登中国奖学金申请的广告等，但是在国别层面缺乏与有关各方的有效沟通也是一个不争的事实。

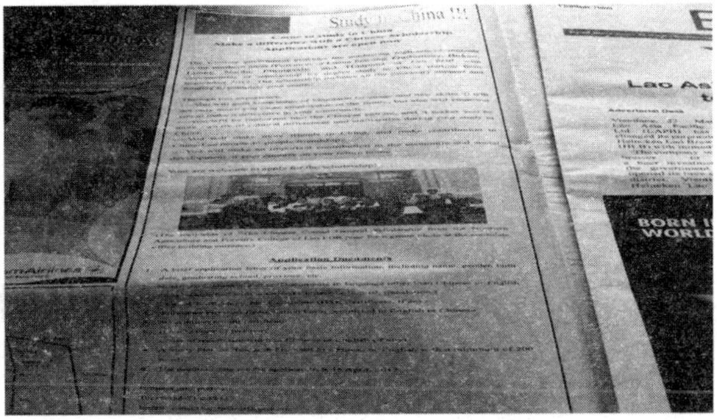

老挝当地英文媒体刊发的“中国政府奖学金广告”

第六章 老挝和泰国的发展合作

一、泰国国际发展合作概况

虽然泰国并不是东盟中最大的经济体，但是其依赖其地理位置优势和审时度势的外交战略，已经赢得了相应的国际地位和发展机遇。泰国的外交战略一度以国家安全和独立为根本的目标，[①] 随着冷战之后真正的地区和平的到来，泰国更加注重经济的发展，外交战略中经济合作的地位不断突出，在这样一个背景下，泰国逐步开展了同邻国之间的发展合作，而泰国的发展合作成为了泰国外交战略中一个重要工具，而其持续不断的提供发展合作的势头已经引起了国际社会的进一步重视。

泰国的自我身份认同对于泰国在地区中的外交战略有着直接的影响。在冷战之前，泰国的外交政策采取一种被动的姿态：针对

---

① 王劭辉：《近代以来泰国外交战略嬗变刍议》，载《东南亚之窗》，2011 年第 1 期，第 35—36 页。

国际问题，泰国侧重于采取对立或者平衡强国的方式来协调对外关系。这个政策的前提是泰国长期以来的“随风摆”政策或者“风中之竹”（Bamboo Bending with the Wind）的结果。[①] 根据泰国的谚语，竹子外交蕴含着竹子扎根坚实但又弯曲性强的特点，因此，泰国的外交带有强烈的实用主义色彩，以此来适应多变的外部环境。[②] 然而，在20世纪90年代后期，泰国政府的外交政策开始变得更为积极。其在建设性介入的框架下确立了区域事务优先的原则。这一原则最开始是用在同缅甸的关系中，泰国开始通过东盟，动用自己的软实力，与邻国建立政治经济联系，进而加强双边关系。[③]

影响泰国国际发展合作的首要因素是泰国国内的政策，也就是说，泰国从受援国到援助国的身份认同转变是建立在其制定“繁荣邻国”政策的基础上，通过经济合作寻求对邻国政策的介入。[④] 此外，外部大环境也对塑造泰国的对外发展援助政策有影响。外部因素可以包括冷战的结束、柬埔寨冲突的解决，以及全球化的力量。泰国对老挝的发展援助政策就具有突出的政策工具性质，用来服务于泰国的外交政策，并对两国关系和地区发展带来了巨大的影响。[⑤]

从影响泰国发展合作的因素来说，泰国的发展合作中蕴含着泰

---

① Pongphisoot Busbarat, Thailand's Foreign Policy: The Struggle for Regional Leadership in Southeast Asia, *Globalization*, *Development and Security in Asia*, Vol. 1, Chapter 7, 2014.

② Kislenko, A. Bending with the Wind: The Continuity and Flexibility of Thai Foreign Policy, *International Journal*, 57 (4), pp. 537 - 561, 2002.

③ L. Masilamani, and J. Peterson,, The "ASEAN Way": The Structural Underpinnings of Constructive Engagement, *Foreign Policy Journal*, pp. 2 – 4. http: //www. foreignpolicyjournal. com/2014/10/15/the-asean-way-the-structural-underpinnings-of-constructive-engagement/, 2014.

④ Manon Carle, Emerging Donors and Development Cooperation: Thailand and Malaysia, Lund University, 2015.

⑤ Wilasinee Sittisomboon, A Study of Thailand's Policy on Development Cooperation with Lao PDR during 1991—2006, Chulalongkorn University, 2014.

国自身的经济发展理念。周方冶的文章《全球化进程中泰国的发展道路选择——充足经济哲学的理论实践与借鉴》介绍了泰国自身经济发展的核心原则，“充足经济”，也可以称为“自足经济”(sufficient economy)[①]。“充足经济”是泰国的发展原则，源自普密蓬国王也对泰国自身情况的考量，泰国的许多政策方针都受到这一原则的影响，其内涵主要是从基础的民众经济需求出发，追求循序渐进的发展。适度、明智、自我防范是充足经济的三项原则，知识和道德是充足经济的两项要素。[②] 在泰国对外发展合作的过程中，有许多方针都可以看到这一原则的身影。泰国在帮助邻国的时候，就十分注重对其能力的培养。“充足经济”也体现了佛教思想对泰国发展的影响，佛教中的“中道观”追求世间事务的均衡，因此，泰国在宏观管理的时候注重稳定和发展的均衡，[③] 即充足经济所提到的适度、明智的思想。

（一）泰国国际发展合作的重点与方式

泰国官方发展援助的目标是通过提高其可持续发展能力，加强区域和分区域一级的合作，在发展合作中与其他捐助者建立伙伴关系，支持发展中国家减少贫穷，并促进泰国作为中心发展合作。[④] 2007 — 2011 年的战略框架就以实现这些目标为优先事项。促进人力资源开发是对外发展合作中的关键战略问题，支持泰国

① 周方冶：《全球化进程中泰国的发展道路选择——充足经济哲学的理论、实践与借鉴》，载《东南亚研究》，2008 年第 6 期，第 36—45 页。

② 周方冶：《全球化进程中泰国的发展道路选择——充足经济哲学的理论、实践与借鉴》，载《东南亚研究》，2008 年第 6 期，第 37—38 页。

③ 韩锋：《佛教在泰国社会经济发展中的作用》，载《亚太研究》，1994 年第 2 期，第 75 页。

④ 根据笔者对 TICA 官员访谈整理所得，2016 年。

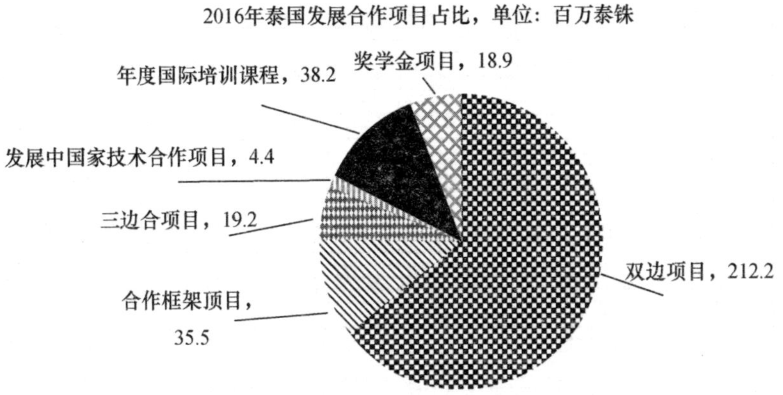

图 6—1　泰国发展合作项目类型

资料来源：泰国发展合作署，2017 年，http：//tica. thaigov. net。

专家，志愿者和研究所在国际上开展工作，分享自给自足经济的替代发展经验，促进更积极的双边合作和区域（亚洲）和次区域区域（大湄公河次区域）合作，扩大发展合作伙伴关系，加强同公私营部门以及民间社会的合作。

在地域分布上，泰国优先支持其邻国（柬埔寨、老挝、缅甸和越南）利用技术援助支持和促进经济活动。这是为了缩小泰国与其邻国之间经济增长的差距，以支持其区域一体化。2009 年，泰国资助了 3090 名来自周边国家的学员参加短期和长期培训。其中，165 个奖学金主要授予硕士学位。在 2003—2008 年期间，泰国共资助了 12298 名参加者在各个领域的培训。合作的关键领域是农业和农村发展、社区经济发展、公共卫生、自然资源环境和能源、旅游、教育以及人力资源开发。①

泰国的官方发展援助战略框架主要包括愿景、任务、目标、战

① Wilasinee Sittisomboon，A Study of Thailand's Policy on Development Cooperation with Lao PDR during 1991—2006，Chulalongkorn University，2014，pp. 55 –57.

略四个部分。[1] 最早该战略只适用于泰国国际合作署下的官方发展援助，在得到泰国政府评估之后，该战略框架也逐步应用到了其他的官方发展机构。以邻国经济发展署为例，过去该机构一直遵循的是自上而下的方式，只通过泰国的决策程序来选择提供贷款的项目，而伙伴国家的当地民众并未在这个过程中扮演什么角色。现在该机构也要试图更多地向自下而上的方式转变，让伙伴国家有更多的参与。该战略框架并未清晰地把巴黎宣言对联合官方发展援助的要求或者经合组织对提供给社会部门的援助的目标纳入其中，不过对巴黎宣言履行情况的评估显示，一些经合组织国家也只是逐渐地履行这些承诺。[2] 泰国也会逐渐地使自己的发展战略框架满足巴黎宣言的承诺要求。

（二）泰国的主要国际发展合作执行机构

泰国国际合作署（Thailand International Cooperation Agency，TICA）主要负责代表泰国政府管理国际发展合作项目，其目的是帮助“其他发展中国家通过发展合作，利用它自己的专门知识或从它的发展伙伴获得的知识来实现可持续的经济和社会发展。”[3] TICA 的发展活动和部门安排与其前身技术和经济合作部（Department of Technical and Economic Cooperation，DTEC）没有太大差别。主要的不同是，TICA 在改革后是以泰国作为发展合作伙伴的身份

---

① Banchong Amornchewin，Thailand's Official Development Assistance：A Partner for Capacity Building，http：//www. norrag. org/de/publications/norrag-news/online-version/a-brave-new-world-of-emerging-non-dac-donors-and-their-differences-from-traditional-donors/detail/thailands-official-development-assistance-a-partner-for-capacity-building. html，2010.

② OECE，Evaluation of the Implementation of the Paris Declaration，http：//www. oecd. org/dac/evaluation/evaluationoftheimplementationoftheparisdeclaration. htm，2012.

③ TICA，About Us，At：http：//tica. thaigov. net/main/en/organize/24387-What-is-TICA. html，2016.

来管理援助。基本上，TICA 在重组后往往更多地与外交部合作，也参与跨部门的协调。

邻国经济发展合作署（Neighboring Economy Development Agency，NEDA）是另一个泰国主要负责国际发展合作的组织，其性质为公共组织，但隶属于泰国财政部。NEDA 的主要目标是确保邻国的可持续发展，并减少分区域国家的社会经济发展的差距。NEDA 金融合作包括三种形式：赠款、优惠贷款和技术合作。虽然 NEDA 的拨款主要用于设计项目的可行性研究，但 NEDA 也提供优惠贷款用于关键基础设施开发和交通建设，并在项目完成后提供技术合作，以转让技术知识和培训发展项目相关的老挝人员。NEDA 金融合作的特点是由于 NEDA 合同条例的“附带条件的援助”。NEDA 优惠贷款是泰铢贷款，有 30 年贷款，免息 10 年，利率 1.5%。与 NEDA 的合同规定，邻国必须使用来自泰国的产品和服务，在每份 NEDA 的贷款项目中采购来自泰国的货物和服务至少要占 50%。

二、老挝同泰国的发展合作现状

回顾泰国同老挝的历史可以发现，老挝与泰国山水相连，民族同源，风俗习惯、宗教信仰及语言、文化都极为相似。[①] 因此，泰国人看待老挝的感情是复杂的。一方面，因为相近的语言和文化，泰国将老挝视为兄弟，两国之间的合作可以视作兄弟间的互助；另一方面，因为老挝落后的发展状况以及附属于泰王国的历史，在曾

① 戴维·K. 怀亚特：《泰国史》，中国出版集团、东方出版社中心，2009 年版，第 50—122 页。

经一些泰国人眼里老挝依旧是泰王国的一部分，泰国对老挝的援助抱有一种施舍的眼光。这种相似性又使得老挝对泰国的外交十分的警惕，加之泰国侵吞老挝王国的历史，使得两国之间的关系曾处于不信任的状态。随着泰国积极的外交开始对邻国施加影响，塑造泰国在邻国眼中的印象，发展合作作为泰国外交工具的一种，开始越来越多地出现在泰国—老挝两国关系进程的篇章当中。

（一）老挝—泰国发展合作的总体情况

以 2015 年为例，泰国全年援助老挝的项目达 14 亿泰铢，其中，来自 NEDA 的贷款和转赠共计 11 亿泰铢，来自 TICA 的技术合作项目价值 1. 85 亿泰铢。[①] 虽然受泰国自身经济的影响，其对老挝的援助有所起伏，但在数额上呈逐年上升的态势（见图 6—2）。从合作的领域来看，农业、教育和公共卫生项目是双方重点关注的领域，占据了双边合作无论是数额上还是项目数量上的 50% 以上（见图 6—3）。

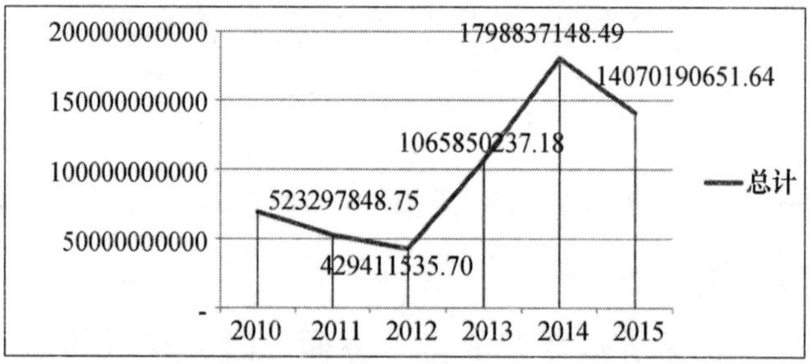

图 6—2　泰国对老挝援助年度情况（单位：泰铢）

资料来源：TICA Statistics，2016 年。

① 根据 TICA 网站公开数据整理，详见：http：//tica. thaigov. net/main/en/other/4296。

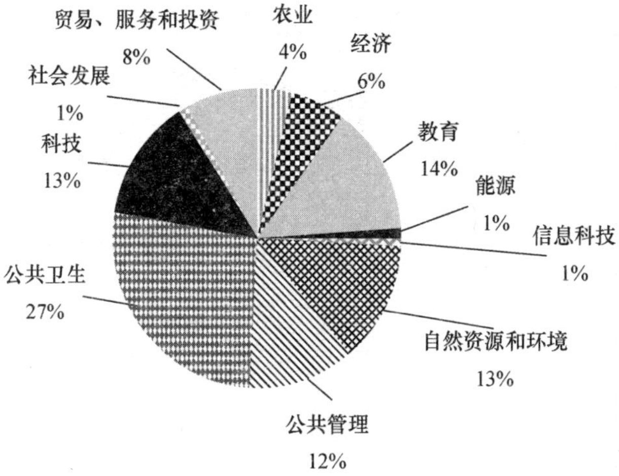

图 6—3 泰国对老挝援助按合作部门分类

资料来源：TICA Statistics，2016 年。

TICA 由于自身的角色和定位，在同老挝的合作中更加重视知识的作用，也说明了“充足经济”思想对泰、老发展合作的影响。双方的合作既十分注重基础的领域，如农业、教育等，又强调先进的发展知识的作用。从上图可以看到，TICA 同老挝的很多合作都是以培训的形式展开的，在这个过程中，或者泰国组织老挝的官员到泰国的农业部门、发展机构中，甚至第三方伙伴组织的培训班来接受培训，或者是泰国派出农业和医疗专家，或者发展项目的专家，到老挝去指导工作。TICA 在同老挝发展合作的过程中，除了强调自身在具体领域发展的经验，还注重“Know-How”的经验分析，这源于 TICA 在其接受援助的过程中所吸收的经验。

NEDA 和老挝的合作一般分为技术合作和金融合作两个部分，NEDA 已经在 2005—2015 十年间同老挝开展了 27 个项目，对老挝的援助额共计 119.31 亿泰铢总额，使老挝成为 NEDA 的财政援助的最大受益者。主要援助项目包括瓦岱国际机场改造工程，清

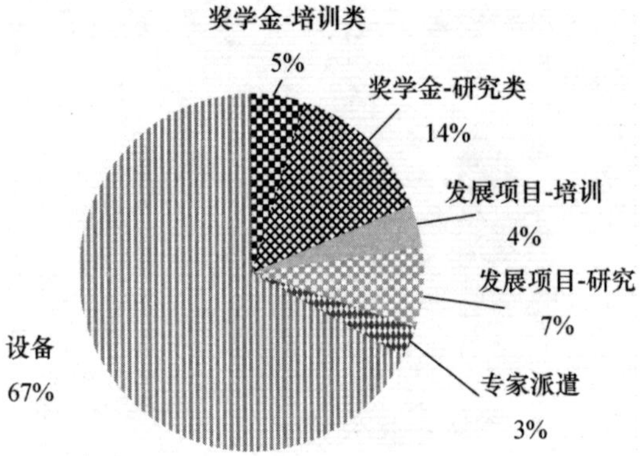

图 6—4　泰国同老挝发展合作，按渠道分类

资料来源：TICA Statistics，2016 年。

莱—昆明通过老挝（R3）道路改造工程，以及从友谊桥铁路延伸线道路建设和万象的排水系统的项目。2015 年财年，NEDB 新批准了老挝一个金融援助项目：首都万象项目的基础设施改进项目，共计 3.13 亿泰铢。技术合作方面，NEDA 向老挝提供了超过 127 万泰铢，主要集中于地区，如道路、供水和电力系统，以及其他运输基础设施等方面，如铁路系统和边境口岸等项目的调研和研究上面。

三、老挝与泰国发展合作的重点项目

泰国和老挝在各个领域都有着广泛的合作，但是鉴于泰国提供发展合作项目的能力和老挝方面的需求，双方主要在教育、农业以及基础设施三个领域开展发展合作。

（一）教育合作

老挝的教育是严重落后的一个部门，虽然老挝政府的主要目标是提高以初等教育为重点的识字率，但由于预算有限和资源有限，老挝的高等教育也面临着严重危机。在受援助之前，老挝有大约5个教师培训学院和81个私立高等教育机构，以及5所公立大学，研究生学习领域的学习和限制很多。①

泰国政府通过各种活动支持老挝的教育改革。TICA与各部委和高等教育机构合作，在老挝共和国开展教育，特别是在高等教育。例如，TICA已与坤敬大学，清迈大学和乌汶府三大泰国大学签署了合作声明，以发展老挝的教育和人力资源。TICA还与职业教育委员会办公室合作，与老挝的大学和职业学校制定合作计划。泰国政府还分配预算，支持老挝建立萨瓦纳克特小学。泰国还帮助老挝为沙耶武里的孤儿院学生建造宿舍，总价值约240万泰铢。

（二）农业合作

泰国和德国于2008年通过“伙伴关系计划”，与老挝联合签署了“与第三国开展合作的谅解备忘录”，作为与第三国优先事项（主要但不仅限于柬埔寨，老挝和越南）进行三边合作的框架，双方可以共同响应来自受益国的需要，以及教育（职业教育）、农村发展（农业，中小企业）和卫生领域的相关专门知识。泰国国际发展合作署（TICA）和德国国际合作署（德国国际合作署）同意

---

① World Bank，“Lao PDR：Country Summary of Higher Education”，At：http：//siteresources. worldbank. org/EDUCATION/Resources/278200 - 1121703274255/1439264 - 1193249163062/LAO_ PDR_ CountrySummary. pdf，2004.

在目标国家通过泰国大使馆（外交渠道）征求建议，并收到老挝政府要求的提案支持老挝农业部执行的“加强老挝国家良好农业规范（Good Agriculture Practice，GAP）项目”。

由于该建议符合三边合作框架下农村发展（农业）的重点领域，TICA与德国国际合作机构协商，同意让泰国农业部（泰国DOA）作为技术合作伙伴机构，并派出联合TICA，泰国农业部，德国国际合作署泰国办事处与老挝有关当局（MPI，老挝，相关机构）进行讨论，收集信息，确定老挝需要泰国和德国技术合作的问题和需要。

由于每个项目支持的预算限制不超过10万到12万欧元，最大限度为2—3年，双方在计划阶段从一开始就通过“规划工作坊”（Planning Workshop）采用“参与式方法”。老挝和有关当局的参与具体确定问题和原因、目标、目标群体、活动，德国国际合作机构（GIZ）主要作为促进者，泰国方面主要投入技术和专家。

（三）基础设施合作

1. 道路项目

老挝路线（R3A）是泰国同老挝发展合作的一个重要的基础设施建设的案例，其通过老挝延伸到在中国云南省的昆明，跨过清莱省的清迈县，总长1200千米。昆明和莫汉之间的老挝边境附近已建成高速公路，而莫希—西门和小盐阳—莫汉之间除外，老挝部分的一条双向道路在中国的援助下完成。在栾琅南塔和会晒之间，亚洲开发银行和泰国同意提供援助。泰国负责其中的85千米，泰国和老挝政府在2002年10月商定了一项价值13.8亿泰铢的贷款。30年期贷款利率为1.5%，10年宽限期。建设于2004年9月开始，已于2007年完工。[①]

此外，泰国计划在从清孔口岸下游10千米（东南部）的一个站点建造第三个“湄公河友谊桥”（630米，310万泰铢）。这一区域还将包括建造物流设施，如集装箱场和通往1020国道的辅路。目前，船舶需要2—3天的时间在清盛和景洪之间往返。桥梁完工后，行程将缩短为只有6—8小时的车程。清盛和清孔之间的距离缩短为70千米，清孔和景洪之间的距离缩短为380 km。此外，昆明和曼谷之间的距离将变为1850千米，开车仅需要两天。[②] 建设过程中，老挝在提供建设资源方面遇到了问题，因此泰国和中国政府在2006年年底决定提供经济援助。[③]

上述基础设施项目对于沿着区域经济走廊连接国内道路与邻国的交通网络的发展非常重要，GMS框架下的南北经济走廊，东西经济走廊已按照计划实施。到目前为止，道路建设取得了显着的成绩，其他方面的证据表明，道路网从2010年的39584千米增加到2011年的41042千米，相当于增加了1458千米（或3.7%）。[④] 泰国官方发展援助也为老挝的道路基础设施发展作出了贡献。

2. 水电项目合作

老挝自从1972年该水电厂投产以来，一直将剩余电力从其南俄河水电站出口到泰国。随后，1993年6月4日两国之间签署了一份谅解备忘录，要求老挝开发1500兆瓦的电力并于2000年出口

---

① Takao Tsuneishi, “Thailand's Economic Cooperation with Neighboring Countries and Its Effects on Economic Development within Thailand”, *IDE Discussion Paper* No. 115, pp. 13 - 14, 2007.

② NEDA, “R3 Road: The Study of Impacts and Benefits Originated From NEDA's Assisted Project”, Final Report, pp. 18 - 36, 2010.

③ Suthiphand Chirathivat and Kornkarun Cheewatrakoolpong, “Thailand's Economic Integration with Neighboring Countries and Possible Connectivity with South Asia”, *ADBI Working Paper Series*, 2015.

④ NEDA, “The Road Construction Project from Chiang Rai Province - Kunming, through Lao PDR (R3)”, http://www.neda.or.th/eng/contentviewfullpage.aspx? folder = 88&subfolder = &contents = 1167, 2013.

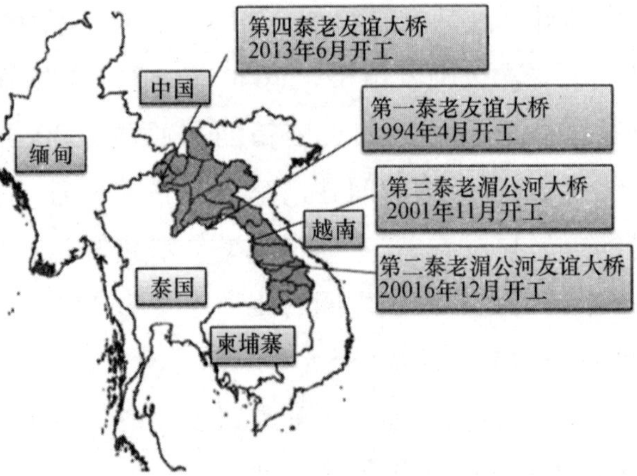

图 6—5　泰老友谊大桥示意图

资料来源：作者自制。

到泰国，同老挝新的外国投资政策一道为私营部门参与老挝发展出口电力铺平了道路。

屯河—钦本河水电项目是第一个根据谅解备忘录实施的项目，也是老挝新的外国投资政策下的第一次重大投资。除了去往附近地区的少量供电外，项目的大部分电力都是出口到泰国的。[①] 此外，由于老挝的许多扩建项目大多来自水力发电工厂，泰国有可能逐渐增加其从老挝进口的电力，这些工厂的环境问题较少。这种环境效益不仅适用于老挝，而且有助于泰国减少二氧化碳排放。[②]

同时，南屯 2 号水电项目（NT2）于 2010 年 3 月开始商业运

① Biswa Nath Bhattacharyay, Masahiro Kawai, and Rajat M. Nag eds., Infrastructure for Asia Connectivity, ADBI, 2012.

② Kyophilavong, P. and T. Lamphayphan, “Lao PDR Country Report”, in Zen, F. and M. Regan eds., *Financing ASEAN Connectivity*, ERIA Research Project Report FY2013, No. 15. Jakarta: ERIA, pp. 131 - 165, 2014.

营，是迄今为止在老挝最大的水电项目。它能够生产 1070 兆瓦的电力，对泰国年销售产生价值 2.35 亿美元的总收入。泰国占老挝共和国电力总出口量的约 90%，是老挝最大的进口国。[①] 然而，由于南屯 2 号项目不能满足泰国的需求，其他电厂被认为既满足国内消费也满足泰国的需求的必要补充。

当然，以上的这些项目不能代表老挝—泰国之间发展合作的全部，例如，泰国的皇太后基金会和诗琳通公主积极地开展对老挝的更具有慈善性质的合作，为老挝极度落后的地区建立学校和医院等设施。不过，从资金和投入的人力资源来讲，更多的合作还是体现在以上三个方面，也着重体现了双方合作背后所蕴含的泰国一方的政策和深层目的。

四、老挝同泰国的发展合作特点与不足

虽然泰国没有办法与中国、日本、美国、德国等提供的发展合作在体量和质量上相比，但是泰国的发展合作还是根据自身的外交政策和发展理念，走出了一条有特色的发展中国家提供发展合作的道路。具体来说，主要是意识、思想的塑造性因素及物质上的结构性因素。

（一）塑造性因素带来的泰老发展合作的特点

在泰国长期与老挝发展合作的历史上，一些观念上或者经验上

① Shannon Lawrence, Thai-Lao Hydro Projects Should Meet International Standards, Statement given at "Media briefing on Thai-Lai Hydropower Projects, Foreign Correspondents Club of Thailand (FCCT), 2007.

的因素给其合作目标和方式带来了很大的影响，这些影响可以被称作“塑造性”的因素，具体来说，可以分为泰国国内的外交理念、来自传统援助国的影响两个方面。

国家民族意识的觉醒带来泰国对外援助强烈的国家中心主义的色彩，身份认同上以地区中等大国为基础，这使得泰国的大部分对外援助政策是以外交政策为导向的。其中，NEDA 虽然作为一个提供贷款的组织，需要考虑经济效益的问题，但由泰国政府直接为 NEDA 拨款就可以看出外交政策的影响。其中，针对老挝首都万象的排水二期项目开发就是一个典型的案例，这不仅能帮助防止老挝的洪水，带来经济效益，还使得老挝人民能够对泰国产生好感。泰国的发展合作政策加强了在泰国—老挝关系中的作用，成为泰国与老挝外交政策的一个重要组成部分。在这个意义上，泰国的发展合作政策成为泰国政府的一个实际有效的外交工具，泰国政府也强调了这种“发展外交”的特点，即以发展合作来促进外交关系。

此外，泰国的发展合作政策是以互利的关键原则为基础制定的，以期共同前进和共同成长，这部分因素主要源自于泰国国内的经济利益需求和领导人，如他信等对国内经济发展的重视。泰国政府认识到制定与伙伴国发展合作的战略计划对于政策和计划一致的重要性，这些战略计划多多少少结合了国内发展的战略考虑，如边境地区的稳定与发展。随着老挝和泰国发展合作的提高，国家经济增长的上升趋势明显反映了泰国外交政策中同老挝的经贸关系日益增长的重要性。

由于泰老之间的历史关系，泰国非常注意老挝对援助项目的满意度，而老挝也主动向泰国提出自身对发展项目的需求。因此，需求驱动成为了 TICA 用来提升援助有效性的一个主要方法，从访谈和泰国的官方文件看出，泰国的发展合作政策都主要采取这一方法。[1] TICA官员指出，双方大部分合作是根据老挝政府的要求或建议来进行的，是一个与老挝共同规划发展合作政策的过程。泰国授权老挝政府来决定项目的核心需求，并优先考虑需要泰国支持的领域和课程，然后将在泰国—老挝技术合作委员会会议上进行讨论。有两个重要机制主要决定泰国—老挝发展合作的未来方向：第一，泰国—老挝联合合作委员会，由泰国和老挝外交部长联合主持；第二，泰国—老挝技术合作年度磋商会，由泰国国际发展合作署（TICA）总干事和老挝泰国合作委员会秘书处主持。这样一种需求驱动的模式背后蕴含的是泰国同老挝复杂的历史关系影响下对老挝谨慎外交的一个反应。作为一种外交工具，发展合作更多地是为国家大的战略目标服务，在具体项目运营的同时还追求精细化和影响力，避免进一步刺激到两国一度脆弱的关系，而这种原则也一直延续了下来。

受到日本等传统援助国的影响，泰国广泛地参与到了全球发展合作的网络当中，泰国积极寻求同发达国家进行伙伴关系的合作，广泛地吸纳了传统援助国，如日本的一些援助规范和标准。泰国还重视对援助项目的评估，追求援助的有效性，这些特点在对老挝援助的项目中都有所体现，泰国方面对这些项目的许多研究都从有效性这个角度出发。另一方面，日本的对外发展援助是“大援助”的方式，即政府和其他部门都参与到了其中，泰国方面受这一点的影响，尽管有政府专门的援助机构，泰国其他部门，像皇家和私营部门，它们在帮助老挝发展合作方面也发挥着重要和不断增强的作用，这为泰国作为发展伙伴国家的作用带来了巨大的贡献。

---

① Wajjwalku, S., Thailand: An Emerging Donor? Paper presented at the Emerging Asian Approaches to Development Cooperation, http://asiafoundation.org/resources/pdfs/EmergingAsianApproachestoDevelopmentCooperationConferencePapers.pdf, 2010

传统援助国向发展知识的转向和重视也对泰老发展合作产生了积极的影响，知识合作成为泰国对老挝合作突出的亮点。在作为受援国的历史中，JICA 邀请泰国发展部门的许多官员亲自参与到发展项目的研讨、制定和落实的过程当中，这样一种手把手的教学方式使得泰国发展机构的许多官员积攒了丰富的经验。泰国与国际组织和双边捐助者有长期的不断发展的关系，越来越多的泰国与国际组织在三边框架方面进行合作，泰国甚至为这些组织提供"Know-How"的知识和其自身成功发展的知识，这种关系存在于整个部门和机构。[①] 泰国正在积极寻求促进自己成为一个区域知识中心。财政政策办公室促进与亚洲开发银行和联合国亚太经社理事会一道开展工作，以支持泰国的财政政策研究所，建立国家能力，作为提供宏观经济培训的区域中心。这些雄心要在国际发展的背景下得到支持和承认，如果能将这些野心与具体的区域发展挑战联系起来将是有益的。因此，需要进一步了解哪些地区需要解决具体的技能限制，泰国是否有能力解决这些问题，以及这将如何与泰国自身的发展优先事项联系起来。

（二）结构性因素下泰老发展合作的不足

除了上述的塑造性因素外，一些结构性因素也进一步影响了泰老发展合作的路径。在这方面，其带来的更多是限制性因素，因此导致了泰老发展合作的不足。主要的结构性因素包括泰国在区域中的经济地位、地理因素以及泰国的发展援助能力等，其中发展援助能力包括财政能力和机构能力两个方面。

从表 6—1 来看，泰国虽然同传统援助国的经济地位有着较大

① Mark Miller and Werapong Prapha, Strategic Review of Thailand's International Development Cooperation, *Report for United Nations Joint Team in International Cooperation*, 2013, pp. 23 – 24.

的差距，但是基本上同新兴援助国在一个收入梯队当中，并且同其周边国家的国民收入和 GDP 情况有着较大的差距，这使得泰国强化了自己的地区中等强国的认同，并且在援助周边的 CLMV 国家上具有了一定的优势。而泰国也认识到自己在财政能力方面的差距，所以泰国的发展援助表现出高度的地域集中性。而另一方面，泰国国内的经济分布呈现出不平衡的特征，尤其是北部和东北部的省份，受到地理环境的限制，经济十分落后，而这些地区边境主要与老挝对接，所以可以看到老挝成为了泰国 ODA 的主要流向目的地，这样做的目的是期望可以打通同泰国边境地区和老挝的联通，促进双方接入市场的能力，从而促进泰国边境省份的经济发展。这一国内的现实需求也让泰国重视边境地区同老挝的基础设施的联通，因此，地理因素和国内的现实影响了泰老发展合作的主要目的和路径。

表 6—1　国家 GDP 与国别类型

国家	GDP（百万美元）	国家类型	所属类别
美国	18036648	高收入国家（人均 GNI > 12736 美元）	传统援助国
英国	4123258	高收入国家（人均 GNI > 12736 美元）	
德国	3363447	高收入国家（人均 GNI > 12736 美元）	
日本	4123258	高收入国家（人均 GNI > 12736 美元）	
中国	11007721	中等偏上收入国家（人均 GNI：4126—12735）	新兴援助国
巴西	1774725	中等偏上收入国家（人均 GNI：4126—12735）	
南非	314572	中等偏上收入国家（人均 GNI：4126—12735）	
印度	2095398	中等偏下收入国家（人均 GNI：1045—4125）	
俄罗斯	1331208	中等偏上收入国家（人均 GNI：4126—12735）	
泰国	395168	中等偏上收入国家（人均 GNI：4126—12735）	

续表

国家	GDP（百万美元）	国家类型	所属类别
老挝	12369	中等偏下收入国家（人均 GNI：1045—4125）	CLMV 受援国
缅甸	62601	中等偏下收入国家（人均 GNI：1045—4125）	
柬埔寨	18050	中等偏下收入国家（人均 GNI：1045—4125）	
越南	193599	中等偏下收入国家（人均 GNI：1045—4125）	

资料来源：World Bank Data，2016 年，https：//data. worldbank. org。

泰国同老挝之间的发展合作中多边框架的作用十分突出，这不仅是泰国与老挝发展合作的亮点，也反映了泰国财政实力的限制。基础设施的项目普遍都需要较为巨大的资金支持，这对于泰国来说通常难以满足。所以泰国积极地参与到了区域或者次区域的多边合作框架当中，尤其是 ADB 所发起的 GMS 合作框架。泰国积极参与 GMS 框架不仅因为其对地区互联互通的重视，而且因为泰国可以有同 ADB 共同融资的机会。泰老友谊桥和泰老之间主要的 R3 公路都是 ADB 承担了大部分的资金，同时中国也出资参与到了 R3 公路的建设当中，泰国在这些基础设施项目当中一般都承担少于 50% 的出资额。而泰国之所以重视发展伙伴关系和三边发展合作，其中也有着类似的原因，在泰国和德国或日本同老挝开展的三边合作项目中，泰国都只承担了少部分的资金。

此外，机构能力的限制导致泰国与老挝的发展合作上的透明性和评估方面还存在一定的不足。尤其是近两年较为频繁的军事政变，使得泰国的发展合作机构对自身的评估受到了一定的影响，其机构所提供的 ODA 报告、发展实践报告等多出自 2012 年以前。[①] 虽然 TICA 已经运作了超过 10 年的实践，但是其依旧缺少其和老

① 参见 TICA Publications，http：//tica. thaigov. net/main/en/e-book/1558。

挝合作项目的全面评估报告，在这方面近有 NEDA 针对同老挝开展的几个融资项目的情况概述，也没有完整的年度评估。[①] 而 NEDA 方面的问题则是还未能实现资金的可持续性，其对老挝的优惠贷款项目主要还依赖政府的拨款，这不仅会增加泰国政府的资金负担，也会影响到老挝的债务问题。另一方面，虽然 TICA 名义上作为泰国发展合作的主要提供者，但是在实践中还需要召开大量同 NEDA 和发展伙伴的协调人会议来确保项目的顺利进行，这也影响未来泰国发展援助的效率。[②]

五、老挝同泰国的发展合作影响评估

老挝—泰国之间的发展合作在泰国的国内层面、双边层面和地区层面都产生了一定的影响，这些影响也应该被该地区外来的援助国所关注，因为这不仅关系到发展合作项目之间互相合作的问题，如果不加以注意，也会间接削弱外来发展援助在该地区的效果。

（一）发展合作促进了泰国国内的发展

虽然泰国试图通过发展其核心城市和从 1970 年代下放工业来建立其区域经济，但这些都没有取得实际成果。从 20 世纪 90 年代开始，泰国开始追求与印度支那的贸易和投资，政策从发展关键国内城市转向沿着 GMS 国家边界的发展中经济区。第九个经济社

① 参见 NEDA Completed Projects，http：//www. neda. or. th/home/en/download-with-thumb. php? id =91。

② 根据对 TICA 官员的访谈整理。

会发展计划（2002—2006）强调省份应该作为国家门户的基本单位。[①] 泰国一直在发展基于 GMS 和 ACMECS 计划的经济走廊。它还试图在走廊设立边境经济区和区域发展中心，以通过相互合作发展相对贫困的地区。这个想法是，通过将农业和劳动密集型制造业转移到边境经济区，泰国工业可以从邻国的廉价劳动力和资源中受益，而邻国可以从创造就业机会和消费市场的发展中受益。主要边境经济区和区域发展核心包括清莱、南邦等，这些省份大多在北部或东北部，这些地区一般是泰国的贫困地区。

在这些地区，40%—50%的劳动力从事农业，而制造业部分则少于10%，除了北部工业区所在的南邦。人均国内生产总值是泰国全国平均水平的30%—70%。每日最低工资约为142—147泰铢，比曼谷大都市的平均184泰铢少20%。在工业部注册的工厂很少，因为大多数工厂集中在该国的大都市和中部地区或东海岸。在清莱等欠发达地区之间，在注册工厂和BOI批准的投资数量方面存在区域差异。有边境经济区和区域发展中心的省一直在部署战略，与邻国联合。虽然沿边的省份使用经济区作为杠杆，内陆省份如彭世洛和康肯正在利用泰国总体的发展战略使自己成为物流枢纽。

表6—2　泰国分区域GDP增长情况表（单位：百万泰铢）

区域	2006年GDP	2013年GDP	接壤国家	增长比例
泰国东北地区	733393	1403267	老挝	91%
泰国北部地区	634819	1135633	老挝、缅甸	79%
泰国南部地区	823176	1114868	马来西亚	35%

① Tsuneishi, "The Regional Development Policy of Thailand and Its Economic Cooperation with Neighboring Countries", Discussion Paper No. 32, IDE, 2005.

续表

区域	2006 年 GDP	2013 年 GDP	接壤国家	增长比例
泰国东部地区	1481405	2327906	老挝、柬埔寨	57%
泰国西部地区	322299	456530	缅甸	42%
泰国中央地区	490682	748582	无	52%
全国	8400654	12910038		54%

来源：NESDB，Gross Regional and Provincial Product（GPP），http：//www. nesdb. go. th/nesdb_ cn/cwt_ dl_ link. php? nid =4317&filename = national_ account，2013

此外，通过上表 6—2 我们还可以看到，泰国边境地区的经济增长情况有着较为明显的改善，一些边境地区的经济状况甚至好于泰国的内陆省份。另一个特点是泰国北部、东北部、东部地区因为更靠近中国，其经济增长情况要明显好于邻近缅甸的西部地区和邻近马来西亚的南部地区，说明泰国通过发展合作构建地区互联互通战略对国内的经济情况有着直接的影响。所以在通过发展合作促进边境地区贸易上面，泰国还是取得了不错的成效。

（二）泰老双边关系的改善

一般来说，“信任和信心”是国际关系中很难衡量的两个因素。亚伦霍夫曼指出，信任在国家之间的关系是至关重要的，因为国家倾向于合作而不是冲突。然而，这并不意味着没有信任国家不会合作，因为国家利益主要是国家关系中的驱动力。虽然，国家关系主要是由“利益”而不是“信任”驱动，对泰国—老挝关系的研究表明，两国的相互怀疑是两个国家之间发生冲突的相对责任。支持老挝政府实现其国家目标，符合伙伴国家发展政策是创造泰国积极形象和促进两国政府良好关系的关键。

首先，老挝方面对外部的发展合作有着强烈的需求。自第六个老挝国家社会经济发展计划（2006—2010 年）以来，减轻贫穷一直是老挝政府的主要挑战。老挝政府的目标是到 2020 年从最不发达国家名单中毕业。① 同样，老挝第七个国家社会经济发展计划（2011 — 2015 年）中提出了要建立现代工业社会的目标。然而，老挝面临着阻碍国家经济发展的巨大制约因素，包括人力资源能力低下、地形崎岖、物质基础设施薄弱、地理位置十分封闭等。而泰国发展合作大大满足了老挝政府对国家发展的需求：技术合作有助于适当的技术、技能、金融转移到老挝来促进发展。

其次，作为外交工具，泰国发展合作是向老挝政府宣传其作为一个友好和支持性的邻国的形象，是以帮助老挝人民的为目标的。重要的是，泰国的发展合作不仅是实现泰国政府意愿的一种手段，而且它也东道国的利益服务，是强调互利的合作，而不是单方面的剥削，这是使泰国发展合作成为有效外交工具的关键。老挝驻泰国大使 Hiam Phommachan 先生在兰甘亨大学泰国—老挝关系 55 周年纪念之际表示，泰国是拥有资金、先进技术和高质量教授的国家，因此，泰国和老挝应该 加强教育合作，使两国更好地发展，也是维持良好关系的又一手段。②

第三，以需求驱动的项目管理办法是双方发展合作成功的关键之一。老挝办事处官员表示，因为泰国—老挝曾有一个相当脆弱的关系，坚持以需求为驱动的方法支持国家发展将是表达泰国政府诚意的手段。他表示，泰国政府援助机构根据万象的要求和建议启动发展项目，其内容必须经双方商定，即使对图书馆或小学

---

① Vatthana, P. and R. , Banomyong, *Laos: From Buffer State to Crossroads*, Mekong Press, 2006.

② Rasri, W, “Thai - Laos Technical Cooperation during the period of 2001—2006: A Case Study of Cooperation between Universities in the Northeastern Thailand and Laos”, Chiang Mai University, Chiang Mai, 2007.

建设这样的项目来说，如果没有老挝官方的批准，项目就无法进一步开展。

最后，泰国通过 NEDA 的金融合作突出了建设基本的基础设施和交通，这符合老挝政府的“土地连接战略”发展计划。总的来说，泰国金融发展项目补充了老挝政府的“土地链接战略”，这些项目建立了将老挝与包括泰国在内的该地区其他国家，联系在一起的物理联系和交通网络。重要的是，这些项目促进了农村地区的经济活动，提高了当地人的生活质量。

（三）泰国的发展合作促进了地区的一体化

作为东盟一体化当中的一个次区域框架，大湄公河次区域被认为是影响东盟一体化成败的关键。[①] GMS 的三个主要走廊，即南北经济走廊、东西经济走廊和南部经济走廊，成为了东盟发展的“血管”，而泰国则位于其中的中心地位。虽然经济走廊的部分路段尚未落成，但已带来本地区相当大的经济发展。例如，2012 年泰国和老挝之间通过穆达汉省进行的边境贸易总值为 6433.664 亿泰铢，相比 2011 年增加了 24.32%。这些道路基础设施的发展，加上其他支持因素，如东盟—中国自由贸易区和东盟自由贸易区协定，使得关税率逐步降低，贸易壁垒减少。此外，缅甸对外国投资的开放和 CLMV 国家（柬埔寨、老挝、缅甸和越南）的经济发展加快，已经引起了对基础设施建设和国家发展所需货物的更多需求，这些国家人民的经济生活水平也有所提高，所有这些因素都促进了泰国与这些国家之间贸易量的显着增加。而双边贸易量的提高有助于缩小东盟国家之间的差距，从而更好地促进一体

① The Voice of Vietnam，“GMS connectivity vital to ASEAN community”，http：//english. vov. vn/politics/gms-connectivity-vital-to-asean-community-285145. vov，2014.

化的进程。

此外，泰国资助 GMS 下的小型基础设施项目，对 GMS 地区的互联互通进行了有力的补充。虽然泰国同老挝合作都是小型的基础设施项目，由于泰国围绕着这些基础项目，有着一套配套的促进人、财、物交流的制度措施，尤其是边境地区的特别经济区项目。未来泰国的经济特区政策将同时具有内部和外部两个方面。外部尺度将包括缅甸大维和在老挝和柬埔寨建造的那些地区，这将为进一步实施“亚洲工厂”模式提供机会（出口导向型、进口替代型、低密度的劳动力具有成本竞争力的制造业）。泰国作为尚未达到路易斯拐点的国家，仍然可以将工人从农业部门吸引到工业部门。[①] 巴育总理也在 2016 年的东盟峰会上再次强调了对地区连接性的重视，他说“地区间的互联互通是经济发展的关键，相互之间的连接可以创造投资、贸易，扩大商业的服务范围。”[②] 可以预见，泰国的新政府将会在地区事务中更加积极地参与到构建一体化的进程当中，由国际发展合作所带动的地区经济合作也将会成为泰国主要的外交工具之一。

结语

泰国目前虽然是由军人总理巴育主政，但是这丝毫没有影响泰国在湄公河地区的地位和重要性。甚至，巴育的政治雄心会进一

① John Walsh “Moving beyond Factory Asia in the Mekong Region,” APISA Conference, Chiang Mai, 2014.

② National News Bureau of Thailand, “PM Prayuth proposes strategies for greater ASEAN-China collaboration”, http://nwnt. prd. go. th/centerweb/newsen/NewsDetail? NT01 _ NewsID = WN-POL5909070010011#sthash. m50ZAT6O. dpuf, 2016.

步加强泰国在地区事务中的参与，泰国的对外发展合作也会受到政府更多的关注和支持。由于形成了比较好的机构体系，泰国的对外发展合作的具体项目还是较少受到了国内政治变动的影响，这使得泰国在国际发展合作中逐渐占据了一席之地。但泰国的发展合作也呈现出矛盾的一面，这主要是由于结构性因素限制了泰国地区雄心的发挥。泰国在“软性”的发展合作上，即发展的知识经验上比较突出，而且能和地区的实际情况更好地结合，符合当地经济与社会发展水平的实际需要。

泰国同老挝的发展合作可以看作是一种典型的南南合作，它很好地诠释了南南合作互惠互利、包容独立发展的原则。但泰国的南南合作又与中国的南南合作有着许多的不同。首先，泰国的南南合作受到其“充足经济”发展思想的影响，注重基础领域和知识合作；其次，泰国的南南合作在文化上体现出了佛教思想的作用，其开展合作的国家大多与泰国一样都是佛教国家，这有助于泰国降低合作的成本，也有助于泰国更好地与邻国开展合作；最后，泰国的南南合作并不具有全球雄心，更多的是着眼于地区发展。这些因素也说明了南南合作的包容、多样的特点。正是许多不同的发展中国家，在结合自己实力和优势的基础上，开展了形形色色的南南合作的项目，共同构成了实践中的南南合作。

第七章
中国教育走出去：老挝苏州大学

推进“一带一路”建设，旨在与沿线各国共同打造政治互信、经济融合、文化包容的利益共同体、责任共同体和命运共同体，是一项长期战略工程。其中，教育合作肩负重要使命，中国教育“走出去”境外办学是重要抓手。通过在目的地国开展境外办学，系统展示中国的教育理念、教学内容和教育标准，有利于促进人文交流，弘扬友好合作精神，夯实“一带一路”建设的社会基础。同时还可以为当地培养相应的技术与管理人才，更好地服务中国技术、投资和援外工作在当地落地、生根和健康成长的需求。因而应从战略高度和长远角度谋划，加强境外办学政策支撑和制度创新。

我国教育部印发的《推进共建“一带一路”教育行动》提出，整合优质资源“走出去”。[①] 目前国际上高校境外办学模式较为流行，比如在中亚地区，欧美著名高校纷纷建立起分校及附属机构。国外高校在我国办学潮也日渐风靡，比如上海纽约大学、宁波诺

---

① 教育部关于印发《推进共建“一带一路”教育行动》的通知，2016 年 7 月 15 日，http：//www. moe. edu. cn/srcsite/A20/s7068/201608/t20160811_ 274679. html。

丁汉大学，莫斯科大学在深圳也将设立分校。相比之下，我国教育“走出去”的步伐则要缓慢得多。但目前已有大学开始了“走出去”的相关探索。比如，老挝苏州大学作为真正意义上我国教育“走出去”的政策实践，对我国未来高等教育进一步“走出去”具有较强的指导意义。苏州大学最早于2007年开始筹建老挝苏州大学，在中老两国政府和教育部门的大力支持下，老挝苏州大学成为中国第一家“走出去”办学的国内高校，老挝苏大实现了中国高等教育服务从“引进”向“输出”、从“开放”向“开拓”的战略转型。尽管如此，老挝苏州大学在老挝办学过程中遇到的现实困难对相关政策领域改革具有重要参考意义。

一、高等教育输出滞后影响中国企业对外投资和贸易合作

“一带一路”倡议背景下，随着中国对外投资的迅速增长，属地化人才紧缺已成制约中国企业投资的重要影响因素。在帮助培养本地人才的同时，推动中国高等教育走出去日益紧迫。近年来，中国企业对老挝投资迅速增长，企业遇到严峻的用工难题，高技能和高学历人才缺口尤为巨大。尤其随着中老铁路开建，企业需要更多铁路工程、铁路信号、工程车辆等领域的专业技术人才，这些人才只能依靠高等人才培育。在水力水电领域亦如此，目前中国电建等水电工程承包企业在老挝也遇到人才瓶颈问题。

目前老挝缺乏训练有素的技术工人，中国对老挝投资过程中，中资企业无法雇佣合适的当地劳工。比如所雇佣当地人员中，做饭、扫地等低端服务工作居多，老挝语翻译和财务算是最高端的

工作。[①] 过多地雇佣国内工人，可能引发一系列社会问题。比如，当地人会抱怨中国投资并未有效带动当地就业。很多中企在老挝当地无法雇佣合适的当地人才，只能雇佣国内劳工，不仅增大了企业劳动成本支出，还经常引发当地社会团体对本地就业保护的抗议。老挝对劳工签证制度比较宽松，很多国内劳工通过将赴老挝旅游签证转为工作签证的方式获得工作机会。从长远看来中国大规模劳工输出势必会对仅有600多万人口的老挝产生社会冲击。实际上，老挝对外来劳务工人比重亦有着严格的限制，《老挝外籍劳务管理办法》规定外国投资者使用外籍劳务和体力劳动者不能超过本企业职工人数的10%、脑力劳动者不能超过20%。因此，从法律层面看，大量中国劳工涌入老挝就业并不合法，并容易引发当地社会担忧。[②]

员工属地化是当前中国企业在老挝投资面临的重要问题，未来中国企业人员资源建设过程中必须以当地员工培育为导向，注重国内教育资源输出相关服务贸易的开展。目前包括孔子学院在内的中国教育机构在国外的主要存在形式仍以语言培训为主，无法有效提供高端技能和学历教育。教育合作尽管具有文化交流的性质，但由于老挝特殊的教育体制，国际教育交流具有企业投资性质，亦属于服务贸易范畴。此外，教育合作还应包括吸引更多的老挝学生来华学习交流，尤其在职业技术教育领域。

中国企业“走出去”需要教育资源的配套输出，注重技能、知识和发展理念的综合输出。中国输出教育不仅有利于与“一带一路”沿线的文化交流和民心相通，同时也是服务于中国企业“走出去”的重要配套设施之一。然而，除上文论及员工属地化困

---

① 相关内容根据2016年3月份上海国际问题研究院赴老挝相关机构调研访谈内容整理。

② 驻老挝使馆经商处：《关于中老经贸合作现状及建议的调研报告》，2010年7月30日，http：//www. mofcom. gov. cn/aarticle/i/dxfw/cj/201007/20100707052445. html。

境外，当前企业“走出去”过程中还面临国内企业家和务工人员对个人家庭教育的担忧，他们的个人事业发展常常以牺牲家庭和子女教育为代价。目前，尽管有各式各样的中文培训学校，但离真正意义上的基础教育还相差甚远。比如，国内华侨中学在老挝设分校，在老挝的教育难以与国内保持同步，并且存在一系列管理问题。

二、苏州大学作为国内首家“走出去”高校在老挝的办学实践探索

随着老挝苏州大学主动“走出去”，积极开展国内外宣传和交流，社会反响和知名度正逐步提高。作为国内高校首家境外大学和老挝第一家外资大学，老挝苏州大学的发展越来越受到国内外教育同行、各大主流媒体及在老投资中资企业的关注。老挝苏州大学的创办对于我国教育“走出去”具有划时代的意义。

本书作者在老挝苏州大学同工作人员合影，右四为汪先解副校长

（一）老挝苏大是中国高等教育走出国门的“先行者”

苏州大学最早于2007年开始筹建老挝苏州大学，前后历时5年。在中老两国政府和教育部门的大力支持下，老挝苏州大学成为中国第一家“走出去”办学的国内高校，并于2012年正式挂牌招生，迄今已有4个本科专业，首届本科生已于2016年毕业。作为中国高校首次走出国门办学的典型，老挝苏大实现了中国高等教育服务从“引进”向“输出”、从“开放”向“开拓”的战略转型，对促进中国与东盟教育经贸全面合作、推动中华文化传播、提升中国文化“软实力”具有多重意义。[①]

老挝苏大开创了中国高校“走出去”的先河。与孔子学院、厦门大学马来西亚分校等办学形式不同，老挝苏大既不是中国大学的分校，也不是一所合作大学。老挝苏州大学是一所体现中国企业“走出去”和当地发展需求特征的老挝本土大学。老挝苏大是在老挝的法律法规框架内运行，接受老挝教育主管部门领导，颁发老挝学历证书。老挝苏大与其他老挝本地大学的不同点全部是专业性的，如课程设置、教学计划、教材、教学手段和教学语言等。即便是这些专业性的差异，也必须经过老挝教育主管部门批准才能实施。

（二）老挝苏大将成为促进中国与东盟经贸合作的重要纽带

随着中国与东盟经贸合作日益密切，越来越多的中国企业和高校走出国门，赴东盟投资创业，开拓市场。老挝苏大的筹建，一

① 《老挝苏州大学：中国教育“走出去”的先行军》，载《光明日报》，2016年9月28日，http：//news. gmw. cn/2016—09/28/content_ 22193219. htm。

方面可为中国企业和高校“走出去”提供一个全面、深入了解老挝及东南亚地区经济社会发展的窗口；另一方面，也为老挝中资企业有计划、有目的地提供人才和技术支持，推动中资企业与老挝及周边国家经济、贸易等诸多领域的合作。此外，老挝苏州大学对当地社会经济和文化建设也产生了深远影响。比如，计划筹办中的医学院和附属临床医院，将为中国在老挝和越南、柬埔寨、泰国的企业人员提供优质的医疗服务，有助于为中企投资创造良好的社会基础设施配套。老挝政府早期对老挝苏大的期望是成为老挝高等教育的示范学校，尽管目前老挝苏大遇到一系列办学困难，但老挝政府对老挝苏大的发展仍寄予厚望。老挝苏大在老挝法律框架内是一所民办学校，老挝政府对于老挝苏大也给予特殊待遇，自老挝政府2013年取消所有民办学院举办本科及以上学历教育的资格，唯独保留老挝苏大的资格。

（三）老挝苏大探索办学新模式，推动高学历和高技能复合教育

经过多年的办学实践，老挝苏大积极探索符合本地发展方向的人才培养体系，充分认识到老挝发展中的人才瓶颈问题，老挝不仅需要科学家和专家，同时更需要大量技术员和技术工人。因此，老挝苏大提出“上顶天，下立地”的办学理念，不仅提供高水平学历教育，同时还重点加强当前急需的应用型人才的培养。老挝苏大积极加强同企业之间联系，努力改变“学校不知道企业需要什么，企业不知道学校能提供什么”的传统办学困境。[①]

为切实服务中资中企，老挝苏大联络多所江苏省内的职业技术学院，以老挝苏大为平台开展职业技术教育，获得非常积极的回

① 相关内容根据2016年3月期间上海国际问题研究院赴老挝苏州大学调研报告整理。

应。无锡职业技术学院表示不要名、不要利，只求为“一带一路”倡议贡献绵薄之力；无锡信息职业技术学院甚至表示愿意出“加盟费”支持老挝苏大建设；南京铁路职业技术学院书记和院长亲自带队到苏州讨论合作争取为老中高铁项目提供技术培训。除此以外，老挝苏大在江苏省教育厅的支持下，还积极探索加强省内高校优势学科的办学合作，比如，联合省内其他高校一起举办水电、矿产、农业等专业，实现省内高校优质专业资源的有效整合。

三、当前老挝苏州大学正遇到制度因素导致的经费瓶颈问题

尽管老挝苏大是我国首个“走出去”办学的国内高校，但在缺乏政策支撑的背景下，老挝苏大海外办学也遇到一系列发展瓶颈和历史遗留问题的制约。2006 年前后，由于我国尚未出台相应的高等教育“走出去”办学相关政策，老挝苏州大学在国内的申报、审批过程历时两年多时间，最终还只能以“与企业一起走出去”（合作办学，由企业提供资金）的名义通过江苏省商务厅申报才得到中国教育部正式批准。当前老挝苏州大学正遇到因体制和社会制度因素形成的办学经费缺口问题，相关体制和机制性问题能否有效解决将成为影响其他国内高校“走出去”的重要门槛。

老挝苏州大学特殊的办学历史背景造成了当前较为尴尬的处境和地位。老挝苏州大学项目起源于 2006 年底中老两国合作拟建的“万象新城”经济开发区，苏州大学应项目规划承建方苏州工业园区之邀共同参与“万象新城”建设。该合作项目由中国国家开发银行提供专项建设经费，包括项目规划中的高等学校的建设经费。按照规划，苏州工业园区负责大学的基础设施建设，苏州大学负

责师资、课程等软件设施的投入。然而，由于“万象新城”选址以及人事变动等原因，苏州工业园区于2009年退出了该项目，而苏州大学考虑到在老挝创办大学对中老合作的长远意义，决定把握机遇，响应国家援外号召，坚守海外办学梦想，服务国家战略。

失去苏州工业园区整体建设支撑后，老挝苏大项目由政府行为变为个体自主的办学行为，失去了政府建设资金的保障和国家政策的整体支持。按照老挝国家法律规定，所有非官方的教育机构都被列为企业管理范畴，老挝苏州大学也只能以企业名称注册为老挝苏州大学有限公司。按照我国相关法律条款，政府全资事业单位的资金不能用于投资，对于国外的项目投资更是如此，因而，苏州大学境外办学的投资主体只能是苏州大学投资有限公司。由于老挝苏大属于企业性质，国内教育部门，包括苏州大学自身受到财务规则的限制，财政资金无法有效划拨用于老挝苏州大学的校区建设。

按照初始规划，老挝苏州大学的整个校园建设需要约5亿元。根据当初达成的协议，主要通过苏州当地企业先锋木业筹借，但受到企业自身资金流的限制，先锋木业首期垫资3500万用于校园的第一期建设，包括一幢教学、行政综合楼和一幢学生宿舍、食堂等共计6000平米的校舍及围墙，学校需按基准利率归还本金和利息，剩余基金缺口较大。[①] 时至今日，由于校园硬件设施的限制，老挝苏州大学仍未能实现既定的发展规划，办学规模尚停留在最初的发展水平，专业、学历结构和学生人数未能得到有效突破。目前江苏省教育厅、国家教育部都意识到经费问题对老挝苏州大学的制约，但始终未能有效突破经费划拨瓶颈的制约，问题始终无法得到有效解决。

---

① 缪琦：《老挝兴起中文热 会中文工资比同等学历人高50%》，载《第一财经日报》，2016年5月9日。

尽管高等教育“走出去”办学已形成共识，境外办学也得到了自上而下的重视，国内高校纷纷寻求境外办学渠道，老挝苏州大学尽管已经进入实质性办学并运行了五年之久，但依然缺乏有效的依据通过国内财政资金给予校园建设相应支持。2015 年，学校获得了江苏省教育厅给予部分运行经费的支持，但实属杯水车薪，且明确规定不能用于校园建设。因此，经费管制制度是制约老挝苏州大学办学经费划拨的重要因素，当前高等教育“走出去”亦面临类似问题。

四、对老挝苏州大学面临的体制、经费难题的反思

苏州大学通过各种渠道和方式向教育主管部门汇报了建校资金面临的难题，得到了省教育厅和国家教育部的口头理解和支持，但教育部没有可以支配的专项经费资源，拥有对外投资的经费资源的商务部却不能将政策和资金用于境外的教育机构。

本书作者在老挝苏州大学调研

老挝苏州大学工作人员会向每一个到访的团组精心讲解老挝苏州大学的发展历程、办学的重大意义及当前遇到的困难，希望能够通过各种可能的途径解决他们办学过程中遇到的问题。老挝苏州大学在经费争取中也一度尝试申请中国政府对老挝的援助经费支持，甚至老挝政府也出面做工作，但问题始终无法得到有效解决。根据规定，发展援助经费仅适用于产权主体为受援国自有项目，老挝苏大产权属于中资，因而无法获得资助。援外项目对于产权所有人的限制本身并不合理，与其大量项目闲置，不如推动相关规则的灵活改革，若援外资金亦能用于老挝苏大等办学机构，未来中国走出去办学的制度支撑将更有保障，从发展趋势的角度看，这样的经费投入取得的成效更为长远。老挝苏大的办学经费问题显示了当前我国相关领域制度改革的紧迫性，应对教育等公益事业走出国门制定有别于企业“走出去”的差异化政策。未来类似的问题将长期出现，问题能否有效解决事关长远。

尽管中国在老挝投资企业为数众多，但长期以来，我国民间的志愿赞助意识和观念很淡薄，企业缺乏社会责任意识引导，资金缺口始终难以有效接济。在国家无法保证政府资助力度的情况下，企业社会责任意识淡薄将成为中国高等教育等公益事业“走出去”的社会机制短板。未来国家应重视出台有效的可操作的激励企业捐资参与境外教育等公益事业的政策，并予以积极宣传，从“一带一路”倡议实施大局出发，加强对企业参与社会公益事业的呼吁，形成高等教育与企业“走出去”的良性互动。

在目前经济全球化和高等教育国际化快速发展的今天，世界各国都在抢占国际教育市场。随着“一带一路”国家战略的实施，给我国境外办学带来了重要的战略机遇期，我国应有效抓住机遇，积极推动教育特别是高等教育走出国门，抢占国际教育市场份额。与此同时，考虑到中国高校开展境外办学的时间不长，经验不足，急需有国家层面的战略部署和统一规划，特别是在国家大战略框架内如何统筹教育、文化、贸易、援外等各类资源，已是当务之急。

附录

中国援助老挝项目一览表（1990—2016）

序号	年份	项目名称	项目描述	备注（项目金额 + 评价）
1	2016	中国援老挝紧急蝗灾物资项目	帮助老挝应对2015年老北爆发的蝗虫灾害，提供包括自走式喷雾机、背负式动力喷雾机、防护服、防护口罩、防护手套、溴氰菊酯乳油在内的物资外，还为老方提供灭蝗虫技术培训。	
2	2016	老挝铁路技术海外培训班	项目为期35天，共有30名来自老挝交通运输系统的官员参加培训	该项目既是中国政府在老挝举办的首个培训班，也是老挝国内举办的首个关于铁路技术的培训班，更是2015年中国政府在海外举办的首个与“一带一路”战略密切相关的援外培训项目，中老双方各部门都非常重视。

续表

序号	年份	项目名称	项目描述	备注（项目金额+评价）
				该培训班在推动老挝铁路建设和人才培养方面具有重要意义，将极大地促进中老双方在铁路方面的合作。
3	2015	中国无偿援助老挝曼昆公路跨湄公河大桥项目	该项目连接老挝波乔省会晒县与泰国清莱府清孔县，全长11.6千米。项目包括630米长，14.7米宽的主体大桥及两岸道路、房屋等设施。由中泰两国政府分别出资50%建设，其中老挝一侧桥梁工程由中国政府无偿援助2000万美元。工程内容和范围包括主桥、涵洞工程、道路工程、房屋建筑工程和交通转换区等。	该项目受到老挝政府和人民的广泛好评，老挝政府向中方颁发一级发展勋章。老挝副总理宋沙瓦表示，该项目为老挝经济社会发展做出了巨大贡献，也为中国与东盟的互联互通增添了新的重要的基础设施。项目实施单位为中铁五局公司与泰国昆通公司组成的联营体。
4	2015	中国援老挝国家文化中心更新维修项目	该项目主要建设内容包括装饰装修、室内空调、舞台灯光、屋面维修等。	2014年3月正式开工建设，2015年2月竣工。项目实施单位为五矿23冶建设集团有限公司。

续表

序号	年份	项目名称	项目描述	备注（项目金额+评价）
5	2015	老挝谢沙拉龙灌溉项目	中国提供优惠贷款资金支持该项目，项目由谢沙拉龙灌溉工程与赛格水利工程两部分组成，项目建成后可解决工程下游2000公顷土地灌溉及当地18个村庄的生产生活用水。	2012年3月开工建设，2014年8月竣工。项目金额约为3.5亿元人民币，实施单位为葛洲坝集团国际工程有限公司。
6	2015	中国援老挝国家银行卡支付系统项目	该项目将建设和运营覆盖老挝全境的统一的银行卡跨行信息交换网络，负责老挝境内发行银行卡跨行交易的信息转接和资金清算，实现老挝国内发行的银行卡联网通用。	
7	2014	中国援老挝北13号公路孟塞—巴蒙段公路修复项目	该项目利用我政府优惠贷款实施，项目起点位于琅勃拉邦省巴蒙县，终点位于乌多姆赛省孟赛市，全长81.5千米，采用老挝4级公路标准，沥青混凝土路面。	工期3年
8	2014	中国援老挝建国阵线培训中心项目	项目主要内容包括教室、会议室、学员宿舍等，建筑面积约3600平方米。	该项目由中铁工程设计咨询集团有限公司设计，将于年内开工，工期17个月。

续表

序号	年份	项目名称	项目描述	备注（项目金额+评价）
9	2014	援老挝跨境动物疫病防控项目	该项目主要场址确定在老挝万象市、琅南塔省和丰沙里省，其中在万象市将建跨境动物疫病检测和诊断实验室，在南塔省和丰沙里省各建一个跨境动物疫病监测站。	该项目将有利于加强中老边境动物疫病防控合作、促进两国经贸关系持续稳定发展。
10	2014	促进就业服务南南合作项目	该项目将主要通过专家咨询、组织培训和政策对话等活动形式，与周边发展中国家分享中国促进就业和开展就业服务的经验和做法，加强老、柬两国就业服务机构能力建设，提升就业服务质量，减少失业和贫困现象。	项目援助对象为老挝、柬埔寨两国，项目为期三年，援助总额为100万美元。
11	2014	援老挝国家元首接待楼项目	该项目位于老挝首都万象市主席府内，建设总统、总理及部长套房，同时建设随行官员客房、厨房、餐厅等。总建筑面积3495.5平方米。建设内容主要分为：元首接待楼、附属用房（水泵房、消防水池、	该项目由中铁工程设计咨询集团有限公司设计，江苏江都建设工程有限公司施工，沈阳市工程建设监理咨询有限公司监理。

续表

序号	年份	项目名称	项目描述	备注（项目金额+评价）
			配电室、柴油发电机房）及门卫、室外工程（围墙、大门、道路、化粪池等）。元首接待楼建筑为地上2层，建筑檐口高度为10.2米。该项目建成后成为老挝国家政府举行外事活动和接待的重要场所。	
12	2013	援老挝国际会议中心项目	该项目一期工程于2011年12月31日正式开工，2012年9月30日竣工，会议中心占地约7公顷，主要由3栋建筑构成，包括多功能区，VIP区、500座会议室、双边会议室、新闻发布厅、秘书处、迎接大厅等。项目设计融入了新时代建筑风格，并与先进技术相结合，代表了当前老挝最高建筑水平。	该项目圆满完成老挝政府召开第九届亚欧首脑会议任务，受到老挝社会各界广泛赞誉，也成为两国间传统友谊和全面合作的象征。

续表

序号	年份	项目名称	项目描述	备注（项目金额 + 评价）
13	2013	援老挝农业技术示范中心项目	该项目主要包括建设培训中心、苗圃及示范园，提供一批良种和农机具，并开展良种培育、示范种植及农机具使用等方面的培训，分设施建设、人员培训、技术合作三个阶段实施。设施建设已于 2011 年 8 月完成，目前正在开展对老方技术人员的培训。	
14	2012	老挝卫星项目	该项目系使用中国政府优惠贷款和商业贷款实施，预计卫星于 2015 年底发射。	
15	2012	援老挝第七届亚欧议会伙伴会议及第九届亚欧首脑会议物资项目		

续表

序号	年份	项目名称	项目描述	备注（项目金额＋评价）
16	2012	老挝航空公司机库及维修培训中心项目	该项目由西飞集团进出口有限公司和云南建工集团有限公司联合体利用我政府优惠贷款建设，占地约 36400 平方米，总建筑面积约 15000 平方米，项目包括飞机维修库、维修培训中心楼、连廊、停车场、室外设施及绿化等内容。项目的顺利完成将促进老挝航空运输业发展，为老挝航空公司开辟发达国家航线奠定硬件基础，并与即将完成的瓦岱国际机场改扩建项目一起配套为今年即将举行的第九届亚欧首脑会服务。	总金额 1670 万美元
17	2012	援老挝救灾物资	2011 年下半年，老挝 12 省 96 县市遭受台风严重影响，受灾人数近 43 万人，道路、桥梁、学校、医院等基础设施大量损毁，直接经济损失逾 2 亿美元。（具体物资不详）	200 万元人民币

续表

序号	年份	项目名称	项目描述	备注（项目金额+评价）
18	2010	中国援老挝农业技术示范中心项目	我援老挝农业技术示范中心项目于2007年12月14日签署两国换文，由云南省物产进出口股份有限公司实施。项目的建设与老挝农林部农业推广中心相结合，项目建成后将成为老挝北部农业技术的示范和推广中心。	项目金额4000万元人民币
19	2009	紧急现汇援助用于救灾	2009年9月底凯萨娜台风袭卷了老挝南部，造成老挝南部三省洪水泛滥，共有19人遇难，财产损失约1亿美元。该现汇援助用以帮助老方灾后工作。	20万美元
20	2009	中方提供融资并承建的老挝新国家体育场	老挝国家体育场项目是按中国国家开发银行与老挝政府签订的“场馆建设及其综合开发协议”的规定由中国国家开发银行以“资源换资金”的模式进行融资合作的，项目总建筑面积94298平方米，静态投资7996万美元。	国开行提供融资支持，云南建工集团承建。另，为支持老挝承办第25届东南亚运动会，中方已向老方移交的中国政府无偿援助老挝的国家电视台三频道工程将会为第25届运动会提供优质的转播服务。中国政府向老挝派出了多个科目的运动教练并且援助了部分体育器材。

续表

序号	年份	项目名称	项目描述	备注（项目金额+评价）
			建设内容为“六馆一场”。其中包括：一个可容纳2万观众席的主体育场、两个3000个观众席的体育馆及游泳馆、热身池、网球馆、射击馆和室外训练场等。	
21	2009	中国援老挝国家电视台三频道项目	该项目总建筑面积为3294平方米。配有设备先进的电视转播车，大小演播室，自动控制系统及节目编辑制作系统等，它们被用于2009年12月在老挝举办的第25届东南亚运动会赛事向全球现场直播及系列节目制作。	福建建工集团中标总承包，总金额为7900万人民币
22	2009	援老挝纳堆—巴蒙公路北段修复项目	该项目改建长度为78.8千米，施工期为31个月。	建设资金为2.7亿元人民币，中标承建单位为云南阳光道桥股份有限公司
23	2008	对老挝的粮食援助	本次援助行动是为应对全球粮食上涨、通过粮食援助促进部分发展中国家农业和社会经济发展项目。资金源于中国政府向世界粮食计划署	总金额50万美元

续表

序号	年份	项目名称	项目描述	备注（项目金额+评价）
			WFP增加提供的250万美元紧急援助资金，中国政府指定老挝、莱索托、埃塞俄比亚及布隆迪等四国共同使用上述援款，并由WFP负责具体实施。	
24	2008	对老挝的抗洪救灾紧急现汇援助	老挝此次洪灾已造成老挝8省53县675村受灾，受灾人数达20多万人，38万公顷农田被淹。中方向老挝政府紧急提供10万美元现汇援助	总金额10万美元
25	2007	援老挝琅勃拉邦医院新增工程项目	由云南建工实施、中方无偿援款建设的老琅勃拉邦医院新增工程是援老琅勃拉邦医院后续项目，主要工程包括高干病房、道路及桥梁等，于2007年4月30日开始实施，12月30日通过内部竣工验收，工程质量被评为优良。	总金额1000万人民币

续表

序号	年份	项目名称	项目描述	备注（项目金额 + 评价）
26	2006	中国援建的乌多姆赛省戒毒中心	这个戒毒中心由10栋平房组成，共设有200张床位。戒毒中心将于2007年元月正式移交老方，老方也将在2007年2月正式接收吸毒人员到中心进行强制戒毒。	无偿援助资金50万美元
27	2004	万象 Triumphal Arch Park 修建		中方提供了125万美元贷款，由广东第三水电建设公司承建
28	2004—2006	昆曼高速 Mohan-Nan-lun 大桥（80千米）		云南路桥公司承建，中方提供3000万美元混合信贷。
29	2003	万象中央大街		广东第三水电建设公司承建，金额不详。
30	2002—2003	中国援建的琅勃拉邦老中友谊医院	老中友谊医院拥有100个床位、日门诊超过300人次的综合医院，该项目自2002年7月20日开工，历时13个月，于2003年10月31日竣工。	由云南建设工程集团承建，中方提供了500万美元赠款

续表

序号	年份	项目名称	项目描述	备注（项目金额+评价）
31	2000—2002	Vang Vieng 水泥厂二期		中方提供了3600万美元的贷款和投资，由云南国际经济技术承担
32	2003	中国援助用于湄公河航道整治	援款用于湄公河中老边境至金三角段230公里航道整治，其中50万元人民币将用于香果码头修建。	援助金额500万美元、50万人民币
33	2002—2004	Nam Mang 三号水电站	提供2亿美元信贷	中国兵器北方集团与中国水电公司
34	2000	北部九省电台与传输塔建设项目	130万美元	
35	2000	小型电视广播站	75万美元	
36	2000	电信网络扩建	6600万美元信贷	
37	1998—2000	老挝国家文化馆		云南国际经济技术合作公司承建，700万美元赠款
38	1992—1994	Vang Vieng 水泥厂一期		中方提供了1390万美元的赠款，由云南国际经济技术公司承建
39	1990—1991	地面卫星接收站		中国广播电视国际技术合作公司

中国在老挝具有援助性质的投资项目

	项目	金额（百万美元）	出资方
2006 年	Nam Khan2 号和 3 号水电站建设	308. 5	中国进出口银行
2007 年	体育馆建设	90	中国国家开发银行
2007 年	琅勃拉邦机场重建	57. 8	中国进出口银行
2010 年	飞机库与维修培训中心建设	16. 7	中国云南建筑公司
2010 年	Nam Theun 水利灌溉体系建设	103	中国北方工业公司
2011 年	Nam Ngiep 水电站建设	345	中国国家开发银行
2011 年	Nam Ou 水电站建设二期	1000	中国国家开发银行
2013 年	Dongmarkkhei 水利供给建设	92. 8	中国进出口银行
2016 年	中老高铁项目	7200	中国国家开发银行等

致　谢

本书得以完成要归功于众多机构的支持和帮助。首先感谢接受我们调研的中华人民共和国驻老挝人民民主共和国大使馆（Embassy of the People's Republic of China in the Lao People's Democratic Republic）、中国水电建设集团国际工程有限公司老挝办公室（SINOHYDRO Corporation Limited in Laos）、老挝苏州大学（Soochow University Campus in Laos）、老挝中国总商会（China Chamber of Commerce in Laos）、老挝外交学院（Institute of Foreign Affairs, IFA）、老挝外交部外事及东盟司（Department of Foreign Affairs and ASEAN Department of MoFA）、老挝外交部经济事务司（Economic Affairs Department, MoFA）、老挝外交部办公厅（Permanent Secretary Office, MoFA）、老挝自然资源与环境部（Ministry of Natural Resources & Environment）、老挝计划投资部国家经济研究院［National Economic Research Institute（NERI）of MoPI］、老挝农业和森林部规划合作司（Department of Planning and Cooperation, Ministry of Agriculture and Forestry）、老挝国立大学孔子学院（Confucius School in National University of Laos）、老挝国立大学老挝—日本人力资源合作中心（The Lao-Japan Human Resource Cooperation Centre in National University of Laos）、老挝国立大学农业经济与食品技术

系（Department of Agricultural Economy and Food Technology，National University of Laos）、老挝中华总商会（Chinese Chamber of Commerce in Laos）、澳大利亚联邦驻老挝大使馆（Australian Embassy in Lao People's Democratic Republic）、亚洲基金会驻老挝代表处（The Asia Foundation in Laos）、德国国际合作机构、亚洲开发银行（ADB in Laos）、日本国际协力机构驻老挝办公室（The Japan International Cooperation Agency（JICA）Office in Laos）、日本国际志愿者中心（Japan International Volunteer Center，JVC））、国际农业磋商组织水、土地和生态系统研究项目（CGIAR Research Program on Water，Land and Ecosystems）、创造性领导力中心（美国）（Center for Creative Leadership，CCL）、聚焦乡村国际组织（Village Focus International，VFI）、瑞士技术援助协会（HELVETAS Swiss Intercooperation）、乐施会（Oxfam）等等。

其次，特别感谢亚洲基金会北京办公室主任计洪波女士及曾璐女士的帮助和支持，以及亚洲基金会老挝办公室主任 Nancy Y. Kim 女士和她热情周到的同事们的帮助，使得我们能完成在老挝的实地调研，也感谢亚洲基金会给我们提供的研究资金支持。还要特别感谢中国国际发展合作研究网络主席李小云教授、苏州大学老挝研究中心纽菊生教授、商务部国际贸易经济合作研究院毛小菁副研究员、云南农业大学赵鸭桥教授的指导和建议。

最后特别感谢上海国际问题研究院为我们的写作提供了包容和支持的研究环境。感谢研究院学术委员会主任杨洁勉研究员、上海国际问题研究院院长陈东晓研究员的支持。感谢上海国际问题研究院资深研究员赵干城、叶江、李新、于宏源、潘晓明等同事的修改意见，以及众多为我们研究提供支持和帮助的各位同事。

感谢时事出版社苏绣芳女士给予的支持和帮助，本书得以顺利出版。

本书作者

图书在版编目（CIP）数据

老挝与“一带一路”/张海冰等著．—北京：时事出版社，2018.1
ISBN 978-7-5195-0152-5

Ⅰ.①老…　Ⅱ.①张…　Ⅲ.①“一带一路”—国际合作—研究—中国、老挝　Ⅳ.①F125.533.4

中国版本图书馆 CIP 数据核字（2017）第 276896 号

出 版 发 行：时事出版社
地　　　址：北京市海淀区万寿寺甲 2 号
邮　　　编：100081
发 行 热 线：（010）88547590　88547591
读者服务部：（010）88547595
传　　　真：（010）88547592
电 子 邮 箱：shishichubanshe@ sina. com
网　　　址：www. shishishe. com
印　　　刷：北京朝阳印刷厂有限责任公司

开本：787×1092　1/16　印张：10　字数：120 千字
2018 年 1 月第 1 版　2018 年 1 月第 1 次印刷
定价：60.00 元